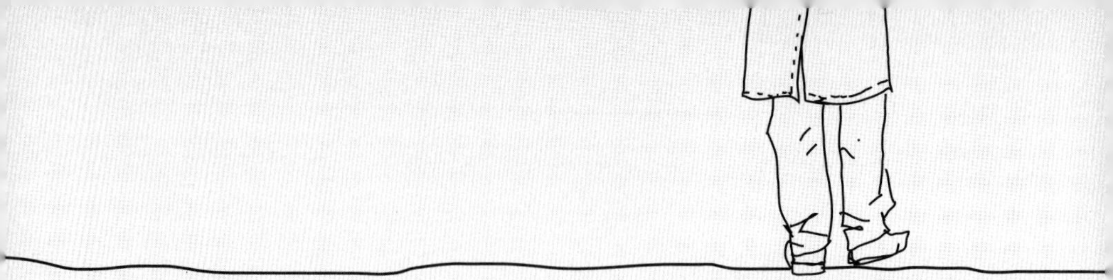

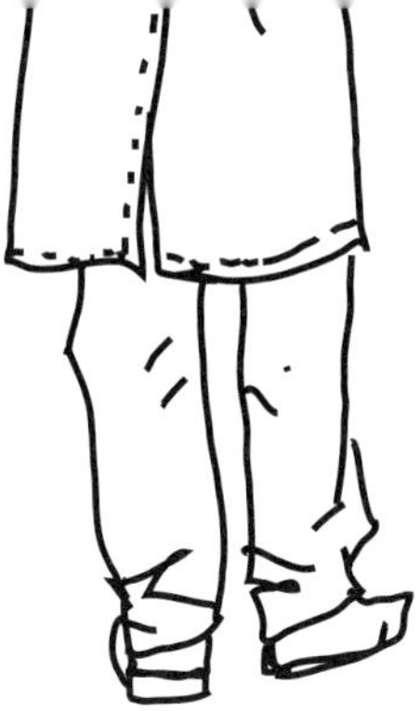

受傷的孩子和壞掉的大人

陳志恆——著

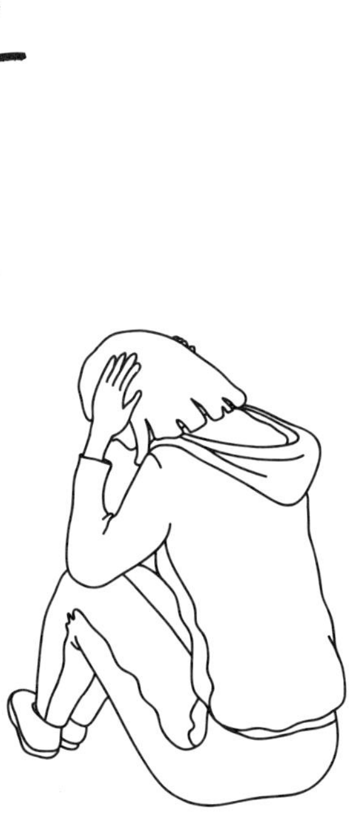

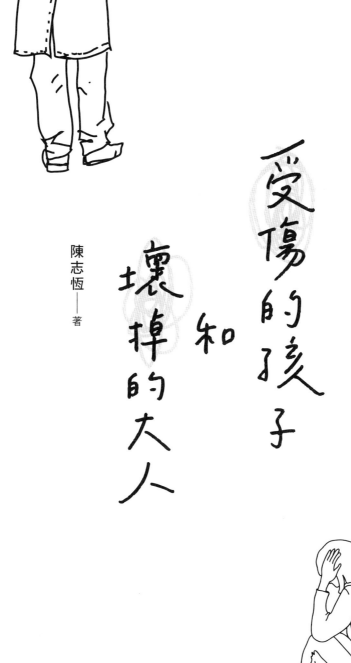

Contents

Part I

受傷的孩子與渴求愛的靈魂

Part Ⅱ

壞掉的大人與令人窒息的愛

Part Ⅲ

在關係中帶給孩子更多的力量

Part Ⅳ

那些從孩子身上學到的事

推薦序

如果這是一本校園輔導手冊

余懷瑾

志恆在書中與家長和孩子的每一個互動，對我這個一線教師而言，實際而鮮明，經常發生在我教學的日常。而他想為孩子生命找到出口的理念與做法，則讓我頻頻點頭，我多麼希望這是一本校園的輔導手冊，讓所有看到的師長都能幫助孩子，找到踏實前進的力量。

我是從志恆的臉書認識他的。志恆具有換位思考的特質，以師長的角度同理學生，而不是以師長之姿責難學生，看他在書中寫下：「當師長願意放下評價，試著用心去理解時，孩子的心門便敞開了。」這不正是我心目中理想的老師嗎？於是我開始認真追蹤志恆老師的發文，他的文章總能引起我的共鳴，在我帶班迷惘時，給予我方向與提醒。

志恆讓我們了解，課業表現與人生成敗並非同一件事情，不可混為一談。每年學校日，班務介紹結束後，家長總會圍著我問：「老師，我小孩都不念書怎麼辦？」「老師，我小孩功課不好怎麼辦？」學生成績的下滑，投射出家長的焦慮。

一如書中所言，直到現在，許多孩子還會因課業成績不佳而在班上受到師長的差別待遇。像是，成績吊車尾的孩子必須負責某些沒人要做的掃地工作，成績較佳的孩子可以先挑選班上的座位……輕易地把孩子的課業成就、人格優劣或人生發展成敗連結在一起，這些篇章都讓我很有感。

國中時的我，只有國文成績能維持在班上水平之上，其他科目皆敬陪末座，那是一段黯淡無光的歲月。記得有一回我去錄廣播節目，主持人問我學生時代有什麼夢想？我愣了一下，不太理解主持人的意思，還反問了一次。其實，不是我聽不懂，因爲當年的我只知道每天不停念書，爲的就是多猜中一、兩分，根本沒有作夢的權利或資格，誰會知道二十多年後我竟成爲了全國SUPER教師呢。

在書中，我看到志恆對家長的提醒、對孩子的鼓勵，我很慶幸有這樣的老師爲成績不理想的孩子發聲，並肯定他們，因爲即使是短短的一句話，都有可能扭轉孩子的命運。

志恆曾經在學校擔任輔導工作。你知道一個學校有多少輔導老師？教育部規定，十五個班級配有一個輔導老師，除了前述提到的課業壓力，感情紛擾、家庭失能、性侵、轉介特殊個案、升學輔導……孩子的問題層出不窮，因此書中的許多案例我都似曾相識。

爲什麼這些敏感的孩子願意將私密的事告訴老師，這其中絕對不僅止於一次的對話，更包含了孩子對老師的信任。讀著讀著，我完全可以想見志恆對於學生的用心。

我的班上曾有一個遭受家暴的學生，當我看到書中「母親因被父親長期施暴，鬧上法院，判准離婚。從那之後，每到晚上都要女兒陪她一起睡覺，才有安全感，孩子成了母親的情緒伴侶了！處在『孩子狀態』的父母促成了自我犧牲的孩子」，這些熟悉的情節讓我想起了那個學生。如果這本書早幾年問世，或許我可以幫助那個學生更多一些。

「教學相長」，不管是過去還是現在，任何一間教室或某個校園角落，老師和學生的互動，教學與輔導，抑或瞎扯閒聊，都能在師生彼此的生命軌跡中畫下繽紛片刻。志恆不勉強與不設限的同理心展現對晤談學生的尊重，平時眞誠主動而不刻意的關心，埋下了打開孩子心鎖的鑰匙。沒有人是完美的，而每個人都是平等的，不必刻意武裝或化妝自己，也不要先戴上預設立場的眼鏡。也許是志恆個性細膩，或是輔導教師的專業訓練，書中關於個案的心境、言語、舉止的觀察描述，以及作者自身的後設認知、內心狀態的覺察，都詳盡得令我佩服。

老師是教育的園丁，在每個學子的心田裡種下希望，等待時間讓他茁壯。這是一本值得父母師長用心閱讀、實踐的好書，讓我們的愛成爲孩子勇敢的力量，不再帶著傷。

（本文作者爲一〇五年教育大愛菁師獎、作家）

推薦序

看見實踐「愛的行動」的希望

胡嘉琪

臺灣的貧富差距不斷達到新高，社會系統裡隱藏著瀕臨失序的緊張。在這物質相對充足而心靈相對匱乏的亂世，人們不需要虛無縹緲的空口諾言，人們需要的是能帶來實質改變的希望。

而這樣的希望來自於，社會上有人正以微薄之力實踐著「愛的行動」。正是本書作者陳志恆分享的故事，讓我看見了在教育現場實踐「愛的行動」的希望。

閱讀志恆一篇篇的文章，我看見一個在中臺灣的年輕人，用他的一己之力與寬廣的愛，在教育現場實際陪伴著「受傷的孩子」，及其背後「壞掉的大人」。

回想起十幾年前，我還在彰師大學生諮商中心工作時，志恆是當時的諮輔義工。記憶中，隱隱感覺這個戴眼鏡的大男孩心中滿懷著理想與熱情，外在則有著即便現在的我也沒有的穩重與內斂。

二〇〇四年，我搭著飛機離開臺灣，來到美國普度大學念諮商心理博士，後來留在美國擔任心理師，繼續沉浸在協助人們從創傷中復原的專業工作中。同時，這些年來，我在太平洋的彼岸（以及偶爾飛回臺灣的短程授課之行），觀察並深思臺灣的環境中許多正在受苦的大人與孩子，那些大人與孩子均未曾放棄希望而努力著。

儘管和志恆多年沒聯絡，最近幾年在臉書上再遇見，看到當年那位大男孩已經長大成爲一個男人，這一路上，他不僅在教育現場中持續默默地守護，還建立部落格寫文章、出了一本書《此人進廠維修中！》，並在不同的場域發表演講。

在我腦中想像的畫面是，一群「壞掉的大人」七嘴八舌手忙腳亂地，用擔架抬著一個個「受傷的孩子」，送來給志恆這位輔導老師進行維修。而志恆推推臉上的眼鏡，不慌不忙地接住從大人與孩子身上拋出來的生氣、挫折、難過、無力等各種情緒，還要不時回頭，轉身注意藏身角落許久，另一群學生的求助眼神。

送走這群人之後，志恆老師關上「輔導室」維修廠的門，回到家，在一次又一次的書寫中，慢慢整理著身爲助人工作者必然會面臨的深沉無力感。面對一個又一個失序的家庭系統及其背後錯綜複雜的社會結構，大人們，到底可以做什麼？

於是，有了眼前這本書稿。在遠方，我帶著欣賞的眼光，閱讀著書中一篇篇的文章。志恆的文字有著他一貫的穩重內斂，可底下流動的是一顆眞切又充滿熱忱的心，大聲疾呼著：「『壞掉的大人們』請醒醒吧，並請同時看見你們內在那個受傷的孩子，以及一直被你們標籤爲問題青少年的孩子們！曾經，你們一定也經歷過壓抑痛苦的青春年少，如今，你們長大了，有更多的力量了，請嘗試收起你的指責和擔心，重新找回愛的力量，從愛中，重新看見自己與孩子。」

除了想喚醒「壞掉的大人」的心，志恆以自身在教育現場累積的實務經驗，帶給大人具體的操作方法。「千里之行始於足下」，要改變一整個教育系統很難，但是，改變可以來自於「一小步的新嘗試」。

志恆在書中給了很多好點子。有時候，「一小步的新嘗試」可能是，大人願意放下教訓孩子的習慣，耐著性子聽孩子把話說完；有時候，「一小步的新嘗試」來自於，大人願意每週用幾分鐘的時間和孩子閒聊，累積一、兩年後，「受傷的孩子」才能確定眼前的大人「沒有壞掉」，才願意冒險打開心房，把最困擾內心的事和眼前的大人分享。志恆在書中就分享了許多關於學生在暗中觀察他很久後，最終眞正向他求助的感人故事。

是的，我眞心相信，不管是「受傷的孩子」還是「壞掉的大人」，每個人的身體與心靈中，都蘊藏著想修復愛的連結的力量。身爲助人工作者，我們的工作讓我們有目睹生命韌性的機會，不管是帶著自殺念頭，抑或身上累累的自殘刀傷，每個生命，都有著堅強的韌性。同時，每個生命，都只能接受那一刻剛剛好能進入的滋養。

很多時候，大人不是因爲心壞才壞掉的，大人是因爲太想幫忙才把事情搞砸的。過於想幫助孩子而不斷掌控孩子生活的父母、過於想治好個案不斷急著引入新治療法的心理師、過於想保護孩子急於介入的社工師。在大人用力過度的狀況下，大人累壞了，孩子也繼續受傷著。

所以，我很欣賞志恆在書中後半段誠實地說出：「原來，我沒有想像中的那麼重要。」其實，志恆並不是在自貶師長與助人工作者的重要性，他是想提醒自己、也提醒所有的大人：「年輕的生命，只要有適當的資源，都有著自然向上的力量。」

對「壞掉的大人」來說，或許就是因爲過去受了傷，所以放棄了相信人性。而他們需要的，正是用來重拾這份改變力量的堅定信仰，才有辦法用「一小步的新嘗試」

來展開「愛的行動」，重新和「受傷的孩子」建立關係。而對於新手教師或新手助人工作者來說，一份相信人性的堅信，才能勇敢在面對學生時說出眞話、耐心等待，讓一份眞誠的關係成爲滋養青少年的沃土。

（本文作者爲正在成爲社會企業家的美國執業心理師、《從聽故事開始療癒：創傷後身心整合之旅》作者）

學校教師、心理師齊聲推薦

年紀越大，越明白一件事：人的本質其實很簡單，我們渴望被看見、被理解，然後，自在地以各種樣貌活在世界上。感謝志恆老師以第一線實務經驗，巧妙融合專業，讓大人有機會接受自己內心的傷口，和過去的自己和解；同時學習眞正愛孩子的方式，學習看見、理解孩子，並和孩子一起追求生命的本質，活出眞實的人生。一本獻給大人的眞情書，值得用心閱讀。

——王雅玲（彰化陽明國中退休教師）

認識志恆多年，從青澀大學生、輔導教師到心理師，尤其是脫下教師的身分行走江湖的勇氣與毅力，正是行動心理師的最佳實踐！

——王智誼（諮商心理師）

一直以來，我認識的志恆老師，是個充滿愛的人，他對親職教育的熱情，對孩子成長的積極參與，都很讓人感動。志恆老師幫助了迷惘的孩子，以及許多憂心不已的家長，他在本書寫下許多動人的故事，累積出一套協助孩子與家庭的思維和態度，非常適合家長和助人工作者。推薦給大人們閱讀，這本書，能讓我們獲得更圓滿的親子關係。

——吳姵瑩（諮商心理師、愛心理 iSpace 創辦人）

如果您總是很用心、很用力、很挫折地在愛孩子，邀請您一起透過志恆老師溫暖而樸實的文字，重新認識這「無力」世代下，我們和孩子間說不清的內在狀態，透過實務經驗「給力」的提醒，當我們安頓好自己時，也才能安頓孩子。

——林上能（成功高中輔導組長、台灣阿德勒心理學會理事）

書裡寫的是青少年的困頓、父母的焦慮，但我更喜歡的是志恆以他一向誠懇、眞摯、細膩的情感與文字功力，在字裡行間流露出來的溫柔心事，讓所有讀者從心底開始悸動。

——林子翔（心理師、輔導教師、諮商博士候選人）

我們自以爲的愛，正在啓動孩子對生命的熱情，抑或讓孩子失去生活的力量？我們自以爲的愛，是眞切的愛，讓孩子在自由中找到眞實的自己，或是盲昧的愛，只是企圖讓孩子在控制與壓抑中成就我們自己？到底，我們是愛自己，還是眞正地愛孩子？志恆老師透過這本書，不斷提醒身爲讀者、也同時是師長或父母的我們，放下自己，重新檢視與反思，進而覺察未曾察覺的那些「自以為」，從而啟引我們以更全面的角度與方式來重新看見、認真看待每一個孩子。真正的愛，是看見孩子的價值，鼓勵並陪伴孩子成為他／她想成為的樣子。誠如書中點醒我們的，真愛，不應是阻礙，更不該是傷害。

——洪一賓（國立彰化高商教師、國立台灣師範大學教育系博士候選人）

一本老師、家長一定要看的書！作者結合教育現場真實案例，透過專業輔導諮商技巧剖析個案，深入淺出，給予實質的建議，著實為老師開啟了另一扇窗，也為父母上了寶貴的一課。

——施錫昌（國立彰化高商教師、彰化縣SUPER教師）

志恆用流暢、精鍊且富情感的文字，描繪出多年在輔導工作中遇見的「青少年與大人們」，我閱讀時總在心中喊著：「是的！這就是我想送給那些受傷與疲憊不堪的孩子、師長與父母的話啊！」是一本有故事、有方法的好書。

——張祐誠（諮商心理師、毛蟲藝術心理諮商所副所長）

這本書，深刻反映了世代演進中親子的多元議題，教科書來不及納入的實例，早已活生生演示在不同家庭中；字裡行間不僅展現了志恆老師細微觀察與洞悉世事的眼光，

也是第一線助人者在實務現場最好的教戰手冊。——陳素惠（諮商心理師）

讀了這本書，在想如果能在求學時就認識志恆，透過他的專業來撫慰我心中受傷的小孩，該有多好。看著書中的案例，想回到過去，藉由老師的溫暖引導，鼓起勇氣面對心中的陰影。現在的我有許多機會站上講臺，總是提醒自己，愛別人前要先學會愛自己，希望我們都能透過這本書將我礙你，變成我愛你。——陳星合（星合有限公司創辦人）

讀著志恆老師的隻字片語，無數次家訪畫面湧上心頭。每一個孩子都需要身爲老師的我們去陪伴、關愛、盡力協助，以引導原生家庭發揮其應有的功能。志恆老師在書中透過許多學生個案的引導剖析與互動協助，點出了大人世界的光怪陸離，讓每一個受過傷的愛，藉由心理助人模式進行療癒，幫助了許多無助的孩子、父母和師長。一份眞正的愛，需要學習，也需要引導，更需要同理。本書透過實際案例分享讓我們成長學習，誠摯推薦給大家。——曾明騰（員林國中教師、一〇二年SUPER教師全國首獎）

一本助人工作者溫暖的專業書寫。不管是受傷的孩子，抑或對教養、教育充滿困惑挫折的大人，相信都能從書中得到啓發與助益。——黃淑瑮（高雄大學兼任助理教授）

獻給所有曾受過傷的孩子

前言

嚴肅地看待每個來訪的生命

「老師，可以和你聊一下嗎？」我抬起頭來看著她。是一張蒼白、憔悴的年輕面孔，眼神中透露出些許不安。

在那之前，她已在輔導處門外躊躇徘徊許久，終於鼓起勇氣，推開門，迅速地走向我。彷彿稍有猶豫，心裡的另一個聲音會拉住她往回走。

我問她怎麼了？她遞給我一張對折工整的紙條，示意我看看紙條裡頭的內容，彷彿想說的都寫在那上面了。

看完之後，我問她：「這樣的情形持續多久了？」

她告訴我，已經三個月了。

「這麼久了，一定撐得很辛苦吧？」孩子點點頭，眼眶已泛紅。

「想必妳忍了很久，才鼓起勇氣來找我的吧？」

「妳很勇敢，也很堅強，眞的很不容易。」我看著她的眼睛，「好，現在什麼都先別說，我們約時間談談，讓老師試著協助妳。」

永遠忘不了的話——「老師，可以和你聊一下嗎？」

那是一位心因性飲食失調的高三女同學，有著纖瘦的身形、清秀的面孔，成績向來優異，是班級幹部、也是學校慶典活動的專職司儀，獨自一人在學校附近租屋外宿。每天晚上補習完回到宿舍，準備開始熬夜念書時，就會無意識地抓起食物拚命往嘴裡塞，一直塞、一直塞、一直塞……無法停止。沒有飢餓感、也沒有飽足感，只知道吃進去的食物快滿出來了，卻還不斷進食，又一邊哭泣，直到凌晨，太陽升起。

經過一次會談，我評估她的狀況後，聯繫家長轉介醫療機構，並要求家長讓她搬回家裡，改爲每天通車，好在家人的陪伴下，讓飲食與作息逐漸恢復正常；同時配合一週一次的心理會談，以及定期回診就醫，情況逐漸獲得控制。幾個月後，孩子畢業了，進入不錯的大學就讀。

幾年過後，我仍然沒有忘記，當初孩子帶著紙條前來找我時，那不安與惶恐的面容。更不會忘記那句話：「老師，可以和你聊一下嗎？」

尋求心理助人服務與病痛求醫大不同

常有人問我，校園中的孩子眞的會主動去輔導處找輔導教師求助嗎？不多，但仍然是有的。

剛進入心理助人服務這一行時，很少想過求助者尋求協助時的心情。過去常有錯覺，輔導教師坐在學校的辦公室裡，自動就有學生找上門，就像感冒了去診所看醫生一樣稀鬆平常。

然而，在學校裡接觸的個案多半是由師長轉介而來，或者透過心理測驗等資料篩選出來，被我主動約談的。他們因爲被要求而前來，就算有求助的需要，也是被動地接受邀請後進入個別諮商中。這與主動走進輔導處，站在輔導教師面前開口說「老師，我有個困擾，想請你協助我……」的同學，是截然不同的。

獨自苦撐許久，直到痛苦指數破表

主動前來求助的孩子有一些特徵。首先，他們通常忍了許久才尋求協助。當困擾出現時，他們多半認爲靠自己的力量就有辦法克服。等到問題越見失控，有時會求助同學好友，有時不好意思說，於是繼續隱忍，直到撐不下去，痛苦指數爆表，才會起了找專業人員談談的念頭。

我不得不佩服孩子的韌性十足，這麼一忍，往往幾個月到半年，我甚至聽過一個孩子說，他從國中起就想找輔導教師談了，卻等到高中才眞正有所行動。

當然，他們絕對不會在下定決心求助後，就這麼走進輔導處，就像到巷口的小七買杯咖啡這樣輕鬆容易。

我事後訪談幾個孩子，他們不約而同地告訴我，在正式推開輔導處大門之前，曾有好幾次折返回班上；而最後選擇找幾位同學「壯膽」一同前來的，也不在少數。

孩子會觀察大人是否足以信任

此外，孩子會簡化自身問題的嚴重性。他們很客氣，帶著困擾、鼓足勇氣前來找我時，總是說：「老師，您有空嗎？可以和您談一下嗎？」彷彿他們的困擾只要談個幾分鐘就可以解決了，然而事實上，多半不是談「一下」這麼簡單而已。

其實，孩子們內心眞正的想法是，因爲自己微不足道的小事，而給看起來很忙碌的師長增添麻煩，眞是不好意思。孩子們的體貼，令我感動不已。

我常思索，孩子憑什麼信任我、願意來找我，而不是其他的師長？別懷疑，許多孩子來找我之前，未曾和任何大人討論過自己的困擾。

我沒有任教他們的課程，頂多在新生訓練或每學期一次的入班心理測驗結果說明時，與孩子們見面；他們知道學校裡有個叫做輔導處的辦公室，卻搞不清楚裡面有著哪些牛鬼蛇神。

孩子們告訴我，他們早就觀察我很久了。從他們知道輔導老師可能是可以求助的對象開始，他們會透過參加輔導處舉辦的各式活動、講座、小團體，加入輔導處的志工，或者爭取擔任輔導股長一職，來增加與輔導老師互動的機會，藉機觀察這個號稱能提供協助的人，是否值得信任。

正視那些需要被幫助的生命

原來如此啊！當我明白了這些，便深刻地意識到，從事心理助人工作時，每分每秒都需要戰戰兢兢、馬虎不得；不僅是心理助人工作者，所有名爲教師的人都該有如此的覺悟：

你得知道，孩子在真正找上你之前，是多麼努力地撐著。

你必須肯定他的堅持，嚴肅地正視他的困擾，別輕易否定他提出問題的嚴重性。

你得理解，孩子很擔心增添你的麻煩。

你必須強化他求助的合理性，肯定他的勇敢與體貼。告訴他，你很開心他願意給你機會協助他。

你得明白，孩子從班上走到你辦公桌前的路途有多麼漫長。

有時候，師長得主動出擊，多些關懷與問候，或許能縮短孩子走這條路所花費的時間。

你得記得，孩子時時刻刻都在觀察你，思量著你是否是個願意傾聽、溫暖支持、值得信任的對象。

你得時時刻刻表現出友善與開放的態度；當孩子開始對你傾訴心事時，也鬆懈不得。你得尊重他想說什麼，以及說多少；你得保證他與你接觸時是安全的；同時，你要不帶評價地接受他所說的一切。

別忘了，在助人關係結束前，孩子都在觀察你的一舉一動、一言一行。一旦感到不夠安全，他們會用各種看似禮貌的藉口，「拒絕」你所提供的服務。

這些是我在校園中從事心理助人服務近十年時光，孩子們教會我的事。謝謝我的學生們，因爲你們的勇敢、主動與信任，才讓我有機會協助你們；而我從你們身上學習到的，總是比我所能給予你們的多上許多。

受傷的孩子和壞掉的大人

我是一個在校園中提供心理助人服務的實務工作者，長期與青少年孩子們工作。孩子們在會談室中與我分享他們的痛苦，多半和身旁的人脫不了關係，如同阿德勒心理學主張的：「所有的困擾都來自人際關係」。

哪一種關係型態最令孩子們感到痛苦？**正值青春期的孩子們，最大的困擾常源自於那些生養他們、照顧他們，每天與他們密切互動的大人們——可能是父母，有的則是師長。**

許多孩子來自失去功能的家庭，有著疏忽管教、高控制欲、內在匱乏以致話語總充滿怨念的父母；也有些孩子在成長過程中，遇到令他們感到挫折與心寒的教師，一次又一次地打擊他們的自信心。

此外，校園裡仍有許多教師活在過去的時空裡，固執地採用古老、無效又毫無彈性的教學方式；無視於教育環境的改變，硬將舊有的教育觀點與做法，強加在學生身上，令學生敢怒不敢言，同時覺得疲憊不堪。

這樣的故事，我聽過太多了。**本應友善地教導與照顧孩子們的大人壞掉了，但受傷的卻是孩子，被送來療傷止痛也總是孩子**。而那些壞掉的大人，卻沒有機會被送去好好地「維修」一番，因爲他們總是無法覺察自己的言行，是否爲孩子帶來了傷害，甚至堅持這是一種愛、是教養孩子最好的方式。

孩子的生命故事每每凸顯出大人世界的荒謬。大人們愛面子、好比較、不重承諾、雙重標準、虛偽做作、自以爲是、匱乏無力、過度干涉、難以自省、情緒暴衝……**各種惡形惡狀被包裹在所謂「愛」的糖衣下，將其合理化地告訴孩子：「這一切都是為了你好！」**於是，孩子們的認知錯亂了，孩子們的內心出現矛盾衝突：究竟該相信哪一個面貌的大人？

然而，細究大人們的成長過程，可能也曾有著相同的際遇，在傷痕累累中長大。**大人們內心的創傷，使其不自覺複製了過往照顧者的行為模式，那是從小面對照顧者種種情緒壓迫時的因應之道；久而久之，便在成長過程中將自己形塑為最不喜歡的樣貌。**等到長大了，擁有更多力量之後，再把這些令孩子痛苦的行爲模式傳遞下去。

青少年的心思是相當敏感的，這個時期的孩子正準備邁向自立，需要感受自我價值，也需要獨立做自己。只是，大人的愛，好沉重，孩子無法從中自在地活出自己的樣貌，得分出好多力氣來回應父母師長的需求。不聽從父母的，內心會抱著強烈的愧疚感；不走自己的路，又感到遺憾萬分。

聽著孩子的故事，我常覺得無能爲力。我無法進到家庭中去改變他們的父母；

我難以代替孩子出面與令他們挫敗的師長溝通；我更無力去改變社會上某些過時、扭曲、不友善、充滿歧視且缺乏彈性的價值觀。

我能做的，就只是陪伴孩子，幫助他們長出更多的力量，去對抗那些壞掉的大人施加在他們身上的一切；並且讓孩子有所自覺，不再複製大人壞掉的行徑，走上那些父母師長一再犯錯的路。

心理助人者或孩子身邊的師長，能帶給受傷的孩子最好的禮物，往往是一段具「矯正性的情感經驗」（corrective emotional experience）。**也就是為孩子創造出一種新的人際關係模式，有別於他在原生家庭中的人際互動，或者有別於他與師長互動時的痛苦經驗。**

在這段另類的關係中，孩子們體驗到的是穩定的情感連結——被關懷、被尊重、被支持與被肯定，這將會使他們逐漸看到自己的價值與重要性，知道自己是值得被愛與被重視的，並且被允許用自己的姿態展翅高飛。

與其說助人，不如說是自我修煉

每一次陪伴孩子的過程中，收穫最大的總是自己。

在心理助人工作中，我得時常面對內心的無力與焦躁，看見自己與孩子一樣匱乏無助。當面對孩子龐大的情緒風暴時，我也得學習如何安頓自己，並且穩定地將孩子的情緒給承接下來。

每個孩子都是一面鏡子，讓人赤裸裸地照見了自己最脆弱與醜陋的一面，同時讓生命有機會重新選擇與成長。一次又一次，與其說助人，不如說是一種自我修煉的過程。

在這本書中，有著許多我與青少年孩子們之間互動的故事。這些文字不只是故事而已，更有著我在從事青少年心理助人工作時的體悟與反思。爲了保護當事人及符合助人專業倫理，故事中的人物、情節及背景皆經過大幅度改編。

而我真正想做的是從孩子們的故事中，呈現出大人世界的荒腔走板——許多大人壞掉了，卻用令人窒息的愛強加在孩子身上。同時，我也盡力去描繪，這些受傷的孩

子們，內心其實有著強韌、勇敢與令人感到不可思議的生命力。他們是如此堅強地撐著，拚命地對抗來自大人世界的種種壓力與苦痛，並努力讓自己不成為下一個壞掉的大人。

我們都該向孩子學習。孩子是我的老師，我從他們身上學到的，往往比我能帶給他們的多上許多。

我很慶幸自己走上了心理助人之路，在助人的過程中，我才是最大的受益者。

我永遠不會忘記這句話：「老師，可以和你聊一下嗎？」

心理助人是用生命陪伴生命、用生命影響生命的過程，我們怎能不嚴肅地看待每一個前來求助的人們呢？

Part I

受傷的孩子與渴求愛的靈魂

這些孩子，活的不是自己的人生。
他們對未來茫然，
因爲他們總是回頭看著父母的眼光，
而不是向前看著自己的未來。

01 孩子活的是誰的人生？

一位女孩因為出現壓力性的身心症狀，被轉介到我這裡談話。她在國中時的成績不錯，上了高中之後，課業表現卻始終落後，感到挫敗不已。最近幾個月，上課時間常跑保健室休息，都說頭痛。家人帶去醫院做進一步檢查後，卻又一切正常。

保健室的護理師看她悶悶不樂，似有難言之隱，聯繫我和她談談。

初次見面，看她憔悴的面容帶著一絲憂心，我問她是否在煩惱些什麼，她告訴我，她很擔心自己的功課。課業表現本來就不佳了，莫名的身體不適，讓她的課業落後同學更多了。

她說：「我是家族中唯一考上公立高中的小孩，家人對我有很高的期待。」

我以同理的口吻回應：「很辛苦吧？妳有著在課業上不能失敗的壓力吧？」

「對啊！可是現在我無法專注聽課，書也念不下去，成績糟透了！」她向我抱怨自己的成績一落千丈，很擔心會落後同學太多；明明知道身體不好要多休息，卻又無法眞正讓自己放鬆下來。

她邊啜泣邊說：「我就是個失敗者，讓父母失望了！」

我看到的這個孩子，實在很體貼，十分在意父母的感受。然而，她卻用讓父母滿意或失望，來定義自己是個成功者或失敗者。

「爲什麼是我？」她低下頭，喃喃自語地說出了這句話。

女孩告訴我，她在家中排行老二，姊姊成績不如她，就讀私立高職，妹妹目前國一，課業更令人擔心。姊姊和妹妹從小就不愛讀書，又很有主見，想做的事情就執意去做，父母怎樣也攔不住。

而這女孩，是家中課業表現最好、也最願意用功讀書的孩子。假日鮮少外出，不曾亂跑，時常幫父母分擔家務。她總會想起母親的耳提面命：「我們家就屬妳最會念書，我不指望妳的姊姊和妹妹。妳一定要好好努力，可別讓我們失望！」

當這孩子進入高中，面臨更激烈的課業競爭，無法再像過去一樣擁有好成績時，便認爲自己沒能達到父母的期待，而感到沮喪挫折。

「其實我考不好時，爸媽不會罵我。他們沒有給我壓力，他們只是要我再接再厲，因爲我的表現是他們能期待的。」

「老實說，我很羡慕姊姊和妹妹，她們都知道未來要做什麼，只有我對未來茫然。爸媽說，反正我也不知道以後要走哪一條路，不如就照著他們的規畫，好好念完高中、考個好大學。」

我很心疼這孩子。她的內心相當矛盾，一方面體貼父母，知道自己被父母期待很深，因此一心向學，不讓父母擔心；但又委屈無比，因爲背負著長輩的期待，不能在課業上失敗，和姊姊、妹妹比起來，只能選擇當個聽話的小孩，不再被允許有其他選項了。就連在生涯發展上，也必須順從父母安排。

想一想，在公司、班級、團隊或組織裡，因爲某種機緣巧合，所有的人都將這個團體的興衰重任放在你的身上，期待你的表現能扭轉團體發展的命運。

大夥兒說：「你是我們團隊的救星，一切都靠你了！」又說：「沒有你不行，大家的期待都在你身上！」你的感受如何？是榮耀，或是壓力？

如果，成為團體中衆所期待的救世主，正好是你的人生職志，那恭喜你，你不但樂於承擔，更會甘之如飴。然而，如果這一點都不是你想要扮演的角色呢？大部分的時候，你只能無奈接受，同時將眼淚往肚裡吞。

試想，如果一個孩子，從小就得肩負起家族興衰成敗的重任，被所有家族長輩期待成為光耀門楣的唯一指望時，他的人生會如何？除了按照大人期待的樣子長大，他還能有其他選擇嗎？

這不是歷史劇、古裝劇，而是活生生發生在現今教育現場裡的戲碼。

有話不能說，有情不能感，身體會說話

其實，這樣的孩子在校園中滿常見的。**他們常會透過莫名的身心症狀，來表達內**

心無法說出口的委屈，以及沒能被父母理解的痛苦。甚至，如果出現了與父母意見相左的念頭，心裡就會有罪惡感，也不允許自己在父母面前表露負面情緒。

有話不能說，有情不能感，就讓身體來說話。莫名的疼痛，正是最常見的症狀，那是壓力的訊號，也是求救的聲音。

這樣的孩子，活的是父母的人生，不是自己的。他們總是在回應父母的期待，壓抑自己的想法；於是，他們對未來茫然，因爲他們總是回頭看向父母的眼光，而不是向前凝視自己的未來。

系統的方向總是向前走的。一個孩子若總是回頭照顧父母的需求，那麼他是無法過好自己的人生，因爲，他背逆了系統的走向。於是，當他帶著生命中未被滿足的缺憾長大了，也開始要求子女照顧自己的期待，彌補自己的人生缺憾。就這樣代代相傳，代代都在無奈、委屈與遺憾中成長與凋零。

藏在讚美背後的說服

不少父母以為告訴孩子「我們對你的期待很高」或「我們只能指望你了」，是在激勵孩子奮發向上，卻不知道這可能是在阻礙孩子的發展，讓孩子無法活出屬於自己的人生。

也有許多家長總說從沒給孩子太大壓力，而確實當孩子考差了，他們也不會責難孩子。**然而，更多的壓力卻是來自於家長對孩子抱著極高的期待，不自覺地轉成話語，脫口而出**。看似微不足道，其實後勁十足，孩子正是爲了那些話語而活的。

例如有的父母對孩子的選擇，常會不自覺地釋放出雙重訊息。常見的是，一方面表達支持，在語言上；但在非語言（包括語調與肢體）上，卻極力反對。

也有的家長對孩子口中盡是肯定與讚美，但緊接而來的卻是一連串的建議，要孩子照著做就對了。此刻，孩子的內心是混亂的：「父母究竟是支持我，還是不信任我？」

親子之間長久相處，孩子能不感受到父母並沒有眞誠一致地表達觀點嗎？事實上，在與任何心口不一、身心不一致的人相處時，都是令人難受的。**而大人們太常使用「包裝在讚美背後的說服」來影響孩子；然而，他們的內在是否真心誠意？他們是否又有自覺呢**？

每個人的人生，都只能由他自己照顧

古有明訓：「富不過三代。」指的是後代子孫因爲有個富爸爸或富爺爺就揮霍無度，逐漸坐吃山空。而我的見解是，華人社會強調家業世襲、父業子承，某個孩子得肩負起延續家族事業的責任，這就是在照顧父母或祖先的期待。當孩子的眼光無法向前看，自然無法過好自己的人生，又怎麼有餘力顧好家族事業呢？結果就是一代不如一代。

父母對子女的期待往往來自成長過程中未被滿足的需求，不知不覺間透過操縱孩子，來撫慰內心的傷痕。因此，**做父母的必須體認到，每個人的人生都只能由他自己**

去照顧；若感到人生有缺憾，也只能由他們自己去彌補。

每個孩子來到這世界上，都是為了超越上一代，並創造更好的生存條件。而超越上一代最好的途徑，就是讓孩子活出屬於自己的人生；而非為了照顧父母的期待，而牽絆住自己追求人生的腳步。

02 當孩子口中只剩下「不知道」

有一次，一個導師帶了學生來找我。導師劈頭就說，這孩子和同學吵架，情緒失控出手打人。

「我剛給他記了一個小過，問他能不能接受懲處，他說可以。但問他爲什麼要和同學吵架，他就是不說。」導師接著說：「請你跟他談談吧！」

我知道，這是個艱難的任務。孩子還在情緒上頭，又被導師記了小過，導師問不出所以然，只好換個人問。想必孩子已把我當成導師的同路人，我大概也討不到什麼好臉色。

其實，我是想和這孩子聊聊的。發生不愉快的事，又接著被懲處，心裡應該不好受，那受傷的心情應該被人看見。然而，當時還是新手的我，實在不知道要如何切入。

我帶他進入會談室，我們對坐著，他用身體的側面向著我，這是標準的防衛與拒絕溝通的姿態。我看著他許久，思索著該如何說出第一句話。

空氣彷彿凍結了，我打破沉默，問他：「你還好嗎？」

「嗯。」一如預期，簡潔扼要。

我接著問：「『嗯』的意思是『好』，還是『不好』？或者其他？」

等了許久，他勉強擠出兩個字：「還好。」

「還好，嗯。那你現在的感覺怎麼樣？」

「就還好啦！不知道。」

「你想說說剛剛發生什麼事嗎？」

「就老師說的那樣，不想講了。」

我點點頭。眼看對話難以進行，我心裡急得很。這樣下去也不是辦法，索性心裡一橫，他想談就談，不想就不要談。於是我說：

「我知道你心裡應該不好受，我很想多了解一些。但你想說也好，不想說也好。若是想說，說多一點也好，說少一點也可以。」

我心裡盤算著，若是他什麼都不說，我就在這裡陪他到會談時間結束，再把他送回給導師，然後告訴導師我無能爲力。

兩分鐘後，孩子轉過頭來看著我，開口說：

「我以爲我當時可以好好跟他說的，沒想到會情緒失控，出手打人，我以爲我控制得住自己的……」

我點點頭示意他繼續說。他接著告訴我，自己是如何開始與同學吵架，接著動手，以及當時與此刻心裡的感覺和想法。他很生氣，氣同學要惹他，氣導師不明就裡懲處他，更氣自己怎麼會犯下這種錯。

「謝謝你願意告訴我這麼多。」我說。

我很驚訝，當我抱著「不說也行」的心情來面對這孩子時，他反而開口了，而且說出來的話比我想像的多更多。後來，我才知道，孩子不是不說，而是需要被尊重，當他感覺到自己處在一個安全、不會被批判的對話環境時，才會願意向師長揭露自己的內心。

少年話少便是德？

如果你有機會認眞坐下來與國、高中的青少年孩子們談談，了解他們內心的想法，十次中會有七、八次讓你感到很挫敗。

「不知道」「都可以」「還好」「隨便」「沒差」……你可能常會獲得這種極簡風格的回應。往往你講了好幾句，他們只回你兩、三個字。

有時候，眞的很令人抓狂！表達有那麼困難嗎？

還是，這是種流行文化，所謂「少年話少便是德」？仔細觀察孩子在同儕間的互動，又覺得他們明明可以嘰哩呱啦說個沒完，怎麼面對師長就變得「惜字如金」了？

有人說青少年是人類中最難以溝通的族群。身爲心理助人者的關係，我常有機會與孩子們聊聊內心事。有人可以侃侃而談，欲罷不能；也常碰到臉很臭、裝酷擺悶的孩子，雖有問必答，但從不超過三個字，當然也完全不正眼瞧你。

而與心理健康有關的課程，也多半需要互動討論與分享。孩子們可以在臺下和同儕聊到屋頂快被掀翻，當被「邀請」起來對著大家發言時，卻又啞口無言。剛才的長篇大論跑哪去了呢？

於是，當我還是個心理助人界的菜鳥時，如何讓孩子開口多說點話，便成了每日工作時的首要挑戰。

可以說，也可以不說

當我開始抱著「不說也行」的心情來面對孩子時，我把這樣的態度與策略，放進帶領青少年的團體活動中。

帶青少年的小團體活動時，我常會因成員在團體中的沉默不語感到焦慮。照慣例，在第一次團體聚會時，會叮嚀成員多分享討論。接著我會補上一句：**「雖然希望你們多發言，不過你可以選擇多說一點，或少說一點，也可以都不說，我會尊重你。」**

我真的可以允許成員在團體裡不說話嗎？我很懷疑，這樣的尊重是否恰當？然而，我仍試著堅持尊重成員說與不說、說多說少的權利。通常，成員會頗賞臉地分享不少想法，一些一開始較沉默的成員，到了團體中後期也能侃侃而談。

我逐漸領會到，**在與國、高中階段的孩子互動時，允許他們用他們想要的方式發言，往往能讓他們更願意多說一點**。對他們來說，與不熟悉的師長談話，或參與團體活動中發言討論，都是一種冒險。他們可能會被別人打量或評價，不知道自己說出來的話是否會被他人接受，當然要字斟句酌；若沒有把握，或觀察到互動的氛圍並不友善，選擇閉嘴什麼都不說是最安全的策略。

我逐漸明白，當我給出孩子選項，讓他們感受到自己其實有選擇說或不說的權力與空間、同時願意等待他們開口時，便營造出一種讓孩子感到被尊重的氣氛了。此刻，孩子多半會選擇說些話分享自己。

有些老師或家長在把一些孩子轉介給我時，會叮嚀我：「這孩子什麼都不肯說，麻煩你了！」後來他們反而很訝異，孩子爲什麼肯對我透露這麼多！其實孩子還說得更多，只是爲尊重孩子，我有所保留。

我做了些什麼？其實，就是在晤談一開始，開宗明義地告訴孩子：**「你也許想跟**

我談一些事情，也許不想。你可以選擇多說一點，或少說一點，也可以什麼都不說，我絕不勉強，也絕對尊重你。」往往說完這些話，孩子便開口說起自己的故事了，根本無須多問什麼。

如果孩子眞的什麼都不說呢？很少見，不過，我通常會靜靜地在一旁等待，因爲我已經答應他不勉強他說話。

不是不會說，是不想說

孩子們其實是想說的，就看大人願不願意聽他們說，允不允許他們用自己的方式來說。他們的表達能力不是不好，關鍵在於有沒有表達的意願。他們能在同儕間侃侃而談，顯示是很有表達能力的。**他們在意的是，你是否認同他們的觀點、接受他們的看法，或者至少不反駁。**

孩子口中最常出現的「不知道」，其實不是眞的不知道，而是「我不想說」。

因為「說了你們也不會懂」，或者「說了你們也不會信」；甚至說了還會被罵、被批評，於是用「不知道」一語帶過。

孩子口中常說「還好」，其實不是眞的還好，而是覺得大人有點煩。他們其實在質疑：「我若認眞說出我的感覺或想法，你們會在意嗎？你們願意接受嗎？」對他們而言，是否被大人當做一回事更重要。

其他「極簡」的回應方式，也是如此。**當他們不認為自己所說的會被接納，但不說話又可能被罵時，就會出現「沒有」「沒差」「都可以」……這樣的詞彙，而通常肢體動作也會是封閉和防衛的**。反正多說無益，簡單說個可以交差的就好，這是一種「消極配合」。

減少消極配合，將發言主導權還給孩子

從心理層面來看，「消極配合」是一種爭奪主導權的行為。看似配合，卻讓你沒

輒，以展現自己在雙方的互動中，握有自身言行的主導權。**所以，減少消極配合的最好途徑，就是將主導權直接交還給孩子，讓他知道，無論如何他都有選擇該如何回應的權利。**

更深一層的反省在於，身爲師長的我們，**是否在日常生活中，願意讓孩子擁有充分表達的機會，也尊重孩子所表達的任何想法。我們是否願意停下來傾聽孩子到底在說什麼，並且鼓勵孩子多說一點，而非只停留在評價是非對錯**。當有人願意聽，便會感到被重視，孩子將會滔滔不絕地說，同時開始練習用別人能聽懂的方式表達。

對青少年孩子們而言，表達一點都不難，只是要給予他們絕對的尊重。

孩子也需要被尊重。將溝通的主導權還給孩子，讓他們感受到，其實自己有選擇說或不說的權力與空間，同時等待他們開口。因為他們在意的是，你是否真正認同他們的觀點、耐心傾聽他們的看法，或者至少，他們努力表達的意見不被你反駁。

03 活在「無力世代」？

曾經和一個嚴重沉迷於網路遊戲的孩子談話，我好奇地問他，網路遊戲的好玩之處在哪裡？

他興奮地舉了幾款遊戲爲例，告訴我其中的奧妙，以及關關難過關關過的訣竅，顯然孩子在網路遊戲世界中深感成就。然而剎那間，孩子低下了頭，眼神空洞，看著地上，與剛剛興高采烈的神情，明顯不同。

我問：「怎麼啦？想到什麼了？」

孩子說：「沒事啦！」

我不放棄：「我看到你的頭低下來，神情有點落寞，是不是想到什麼了？」

孩子沉默半刻，緩緩地說：「嗯……我不知道該怎麼說，我的意思是，其實，我覺得網路遊戲也不是這麼好玩，剛開始破關時覺得很興奮，但久了就沒意思了，」又說：「所以，我有時候也在想，要不要乾脆別玩了？」

在我高中時期，大學聯考前夕，班上同學無不埋首苦讀，迎接這場艱難的硬仗。大多時候，下課時間總是很安靜，同學們不是溫習功課，就是趴在桌上補眠。

一日，下課時，教室外的樓梯間傳來急促又刺耳的腳步聲。原來是一位同學到了學校後，換上輕便的拖鞋上下樓梯行走時，沒有放輕腳步，發出了「啪答啪答……」的尖銳聲響。

一位正在教室裡趴著補眠的同學，突然起身往教室外頭衝，到了樓梯間，一把抓住方才穿著拖鞋製造出極大噪音的同學，朝他臉上重擊了一拳。穿拖鞋的同學個頭較矮小，一屁股跌坐在地上，一臉不解地看著對方，一行鮮血從鼻孔緩緩流出。

出手的同學罵了些不堪入耳的髒話，接著說：「走樓梯一定要這麼吵就是了，你不知道有人在休息嗎？」另一方摀著鼻子，也不甘示弱地回嗆：「我走我的樓梯，關你屁事，要睡覺不會回家去睡喔！」

接著，髒話聲此起彼落，兩個十七歲的男孩高分貝地對吼，扭打成一團。結局是，兩人都被帶進了教官室。

內在無力的孩子們

週末假期，我常到學校爲孩子們帶領各種主題的工作坊。如果課程地點是能席地而坐的地板教室，孩子們會從「坐姿」逐漸變成「臥姿」；再配上輕柔的音樂，眼睛就要不爭氣地瞇起來了。

我問孩子，怎麼看起來這麼累？他們告訴我，眞的很累。

我相信，他們是疲憊不堪的。一方面，國、高中的孩子們課業壓力大，普遍睡眠不足，這是身體上的疲累；另一方面，他們的心也很累。

在教育現場裡，我時時觀察著校園生態，**現今的孩子似乎進入了一種「無力世代」。在社會邁向更多元、開放，教育內容也不斷翻轉創新的同時，孩子們的內心世**

界卻存在著近乎枯竭的無力感。我時常問，爲什麼會這樣？

當一個孩子長期感到內在無力時，會表現在幾個方面：

（一）對新鮮刺激減敏感

許多師長常提到，現在學生的胃口越來越大。課程設計的內容再新奇有趣，也不一定能吸引學生的目光；辦的活動不夠新穎好玩，學生便感到興趣缺缺；邀請來的講師沒有與衆不同的花招，學生就是不買帳。

就算這次讓他們滿意了，下次的刺激強度沒再增加，他們便覺得沒意思了。**孩子們尋求的是更高強度的外在刺激，而不是靜下來體會、學習，在旅途中因發現新知或共鳴而感受到的欣喜與愉悅**。

（二）無聊症候群

不只聽過一位沉迷線上遊戲的孩子提到，網路遊戲沒那麼好玩，剛開始破關時雖然興奮不已，久了就沒感覺了。

在一些孩子身上，看不出他們對哪些事特別有興趣；對生活的一切，也似乎感到麻木、缺乏好奇心。大多時刻不是忙於應付被師長安排的任務，就是在放空、發呆或漫無目的地滑手機、上網、看電視。

難怪青少年孩子最常掛在嘴邊的話是：「還好」「沒差」「無所謂」「不知道」與「都可以」。

（三）想得比做得還多

青少年階段應該是夢想逐漸成形的時候。許多孩子很羨慕那些大膽追夢的人，但是想歸想，他們很少去行動。

他們不願意積極探索世界，也鮮少主動安排生活，呈現出低動機的狀態。**甚至，最後連想都不想了，因為不相信自己做得到**。

例如許多高中生最希望知道的是「自己的生涯方向」，但是他們常常不願花費心力去思考。他們告訴我：「想了也不知道能不能實現，乾脆別想了。」

緊湊忙碌的行程安排

究竟「無力世代」的孩子們，是在一個怎樣的處境下，讓他們對世界不再充滿熱情、失去好奇心，總是感到無聊、無趣，缺乏活力，動機低落，甚至自信不足了呢？

在升學主義爲首的教育環境下，課業學習仍是孩子生活壓力來源之首。**就算教育再怎麼改革、制度再怎麼良善，多如麻的考試與作業就是少不了**。甚至，無止盡地罰寫、罰抄，仍是許多師長不願意放棄的教學措施之一。

爲了培養孩子課業以外的多元能力與素養，學校還得安排其他的學習項目。現今的孩子在課餘時間需要參與的活動，是過去一代的學生所難以想像的。

爲了達到這些與課業有關或無關的表現與要求，再多的心力都不夠用，當然看起來無精打采、疲憊不堪，更沒有多餘的心思去對世界展現出更多熱情與探索。

生活中缺乏可支配感

如果生活中已被安排了各種不得不做的事，而每一件事都是這麼重要，且迫在眉睫、刻不容緩，孩子們究竟能擁有多少空間，規畫自己的日常行程？

在「時間管理」這個議題上，我常發現，**孩子們不是沒有做好時間管理，而是根本沒有時間讓他們管理**。

我們期待孩子主動、積極、有想法、有創意，卻總要孩子照著我們安排的行程走；**當孩子發現生活中逐漸失去了可支配感，於是不再掙扎，關閉起原本敏銳的感官，對生活逐漸麻木、無感，也要自己別想那麼多，因為想了也沒用**。

恐懼教育的遺毒

上一輩的人是苦過來的，總是用讓孩子「害怕」的手段來鞭策他們前進。於是，

孩子願意做某事的動機，不是因為內心渴望，而是為了避免大人口中的後果發生，這便是「恐懼教育」。

「如果你不……（某種行為），你以後就會……（某種後果）！」這些話我們都不陌生，久了，會讓孩子們內化成一股信念。他們會告訴自己，不需要對世界有熱情、期待或理想，只要盡一切力量去避免可怕的事發生就好，例如失敗、失業、被嘲笑、被看輕……

當孩子相信自己做不到，或認為沒有資格達成，自然動機低落、欠缺執行力。孩子不是沒有夢想，而是不敢去想！

用暴衝情緒來爭奪生活主導權

令人擔心的是，孩子在逐漸變得麻木的同時，對於那些發生在生活中的委屈、辛酸、不平與無奈，也變得不去感受、面對或處理，只是自我催眠般告訴自己：「沒關係，不理會就沒事了。」

然而，我們都知道，**冷漠地忽略情緒，並不會就此擺脫情緒的糾纏。此刻孩子的內心正在累積憤怒，直到某一天，導火線被點燃，就會一發不可收拾地爆發。**

我們常看見，一些平時看似溫和的學生，突然間爲了一些小事情緒失控，對老師或同學暴怒咆哮、拳腳相向。**一個越是內在無力的人，越是要用大聲、嘶吼、憤怒與誇張的肢體，來展現自己的力量，唯有如此，才能感受自己對生活有支配權。**

多一點選擇、多一點停留、多一點平靜

如果你是家長或教師，讀到這裡，是否也會感到很無力？這很正常，我們都看到問題了，但我們也都無力改變；因爲，大人們也常處在身不由己的狀態下，疲於應付生活中的各種考驗。

只是，我們仍然可以選擇不將這份無力感複製到孩子身上。即使既成的體制尚難

撼動，我們仍然可以試著在各個面向幫助孩子：

讓孩子在生活中擁有更多的選擇與更大的決定權，並獲得更多信任。

教孩子不只知道「得」，還要學會「捨」。慢下步調，在忙碌的生活中多點停留，而不是漫無目的地被填塞行程。

引導孩子靜下心，啓動感官經驗，保持視、聽、觸、味、嗅的感官敏銳度，重新連結內、外在世界，懂得欣賞與領略生活中每個片刻的美好。

鼓勵孩子傾聽內心的渴望，大膽作夢、大膽想像，也大膽實踐，而無須擔心被如何評價。

或許，「無力世代」不是校園裡的孩子專屬的，而是這個社會的寫照。但我們仍然可以幫助孩子，不是催促，而是讓他們慢下腳步，傾聽自己內心的聲音。

04

都是 they 的錯！——當孩子出現「託付心態」

每回對家長演講時，總會有些焦急的家長，帶著孩子的問題來與我討論。有一次，演講的中場休息時，一個母親走上前來問我：

「我的孩子今年高三，正在準備升學考試，一直以來成績都不差，但最近好像越來越混，不太願意將心思投入課業中。」

「那你們怎麼做？」我好奇地問。

「如果我叮嚀他讀書，他會告訴我，讀這麼多書沒有用，就算考上頂尖大學又如何，臺灣的教育制度根本對學生的未來沒幫助……諸如此類的話。」這位母親停頓了一下，接著說：「我想請教老師，我該如何面對孩子這樣的反應呢？」

面對孩子的課業問題，家長總是心急如焚，特別是人生中重要的考試關卡將至，再怎樣不要求課業的家長，也不免會憂心起來。

我接著問：「妳的孩子是過去就會質疑讀書學習或升學的價值？還是最近才開始的？」她告訴我，是升上高三後才開始的。

我笑了笑，眼神柔和地看著這位愛子心切的母親，我說：「辛苦妳了，面對孩子這樣的抱怨，眞的很難以應對吧。我想，妳也很擔心，他是否眞的相信讀書升學沒有用，乾脆放棄努力了吧？」母親用力地點點頭。

每當孩子在應該研讀功課時，卻沒有坐在書桌前，或者常表現得漫不在乎時，母親就更擔心了，總會想起孩子對她說的話：「讀這麼多書也沒有用。」要是萬一孩子眞的這麼認爲，未來不就放棄學習了嗎？

「其實，這孩子很貼心、很在意妳的。他會告訴妳這些抱怨，事實上是在向妳傳達一些重要的訊息。」母親瞪大雙眼，驚訝地問：「眞的嗎？是什麼訊息？」

我說：「他在告訴妳，他目前正處在難以招架的課業困境中。他很努力，但沒有達到理想中的結果，心裡很慌亂。他期許不要讓父母失望，卻又不知道如何面對父母的期待。他擔心自己做不到，卻又想顯示自己有能力獨立面對這一切。」

「那我該怎麼做？」母親聽完了我的分析後，接著問：「我需要跟他說，他都是在找藉口，要他爲自己負起責任嗎？」

「不是的！孩子其實一直都沒有放棄努力，只是在課業挫敗之下，現在內心很脆弱。此刻，父母要做的事，便是去理解孩子的『無力』與『盡力』。」

我停頓了一下，讓她稍微消化，確定她能跟得上時，我繼續說：「也就是說，去同理他的無力感，同時讚許他已盡了全力。」

爲自己的愚蠢或錯誤行爲找個託詞

我走路時，常因粗心大意絆到腳，然後跌跤、撞到東西，弄痛或弄傷自己，到現在還是如此。

記得很小的時候，在家裡走路撞到桌角，膝蓋痛得眼淚都掉下來了。父親連忙過來安慰我，問我好端端的怎麼會撞到東西，我嘟起嘴生氣地說：「是它（桌子）自己要擋在那邊的啊！」

長大了，父母還常拿這類往事來糗我。想想小時候，這種走路不長眼卻又怪罪於那些不會移動的物品撞到自己，確實常見，桌子是何其無辜啊。

現在我才知道，當時無厘頭的反應，正是一種典型的「託付心態」。**當我們將生活中每一次不順遂的原因，全都怪罪到別人身上，作為自己的愚蠢或錯誤行為的託詞時，就是一種「託付心態」**。

找個外在原因做擋箭牌，是在逃避負起責任

前陣子，有機會和中國大陸的朋友交流心理助人專業。聽他們談到，大陸在實行一胎化政策時，每對夫妻只能生一個孩子，想多生得經過申請，還要罰錢，這似乎不

近人情；而現在解禁了，有許多只想生一胎的夫妻，少了這項「不人道」的限制後，反而讓他們慌了手腳。

原來，這些年輕夫婦在經濟面與現實面上，只想生養一個孩子，若在過去，就可以用禁令作爲對抗親族長輩傳宗接代壓力的擋箭牌。當頭一胎生的是女孩，他們就可以理直氣壯地和長輩站在同一陣線說：「不是不想生，是政府不允許我們生啊！」而現在少了這道禁令，再也沒了擋箭牌。

事實上，決定生養幾個小孩，由核心家庭的夫妻雙方衡量自身經濟與教養能力，再做出決定，才是最適合的；這也是夫妻雙方共同的責任，因爲他們是最知道如何才能給予孩子最好照顧的人，不應由親族長輩來干涉。

然而，有這項政策抱怨，沒這項政策也抱怨，說到底還是自己的問題。**試圖透過外在原因作為自己去做或不做某些行為的託詞，即是一種「託付心態」，實際上是在逃避為自己的決定負起完全的責任。**

託付心態的出現，是因爲內心既脆弱又堅強

當我們面臨困境時，很容易把砲口向外，矛頭指向別人，透過抱怨來讓別人知道，不是自己沒能力，而是問題都出在別人身上。這樣能合理化自己不佳的表現，避免被人看到自己內心的脆弱。而事實上，此時的自己是深感無力的。

當託付心態出現時，我們將個人成敗的原因推託給自身以外的人、事、物，便能暫時假裝沒看見自己的脆弱與不足，甚至擺脫了需要負起的責任，心裡也感到輕鬆許多。

然而仔細想想，那些抱怨、責怪與託詞，有多少是符合事實？而有多少又眞的對我們帶來阻礙？

孩子的託付心態，常來自於過度在意父母長輩的評價。**孩子總是想拿出最好的表現給父母看，而有著託付心態的孩子，常因為擔心讓父母失望，於是對父母說出一套看似有理的抱怨，以掩飾內心的脆弱和暫時的失敗。事實上，孩子仍想繼續努力表現**

給父母看，這是孩子內心強韌的一面。

只是，此刻的大人，是否理解孩子內心深處渴求愛與肯定的心情？或者，只是一味不留情面地批評與指責孩子的行爲不夠成熟？大人們總說：

「不想做就不想做，藉口一大堆！」

「都是你的話！你就是懶惰、就是在逃避！」

「就只有你這樣想，別人都不會，你再積極一點吧！」

「少對我說那一套，盡想些有的沒有的，把心思放在功課上吧！」

「你眞是吃飽太閒，花點力氣去做有這麼難嗎？」

如果大人的批評與指責有用，孩子早就振作了。無奈的是，內心無力的孩子在被父母這麼說之後，僅存的力量可能更是潰散殆盡！因爲**他們更難以去面對，當自己失敗時，會如何遭受大人的責怪；他們更加不相信自己有辦法克服困境、達到目標，特別是成為父母期待中的樣子**。於是，他們越需要尋找更多的託詞，來避免很努力但做不到時的窘境。

當託付心態出現時，大人要明白，**這時候孩子最需要的是被父母理解，同時獲得父母無條件的愛與支持。愛能讓內心充滿力量，願意將人生成敗的責任拿回自己身上，靠自己的努力，照顧自己的人生。**

下一次，當孩子又在怪東怪西，抱怨都不是自己的錯時，別急著指責孩子，請試著溫柔地看見孩子的脆弱與堅強。

多一點的等待，少一點的催促；多一點的支持，少一點的責怪。在充分的愛與支持下，逐步地引導孩子思考：自己還能為自己做些什麼，如何為自己拿回人生的主導權。

05 只是「消極配合」？——當孩子不願再和你對話

我時常在與孩子晤談時，核對孩子周遭的大人對他的評價，以及孩子對自己的觀感之間是否一致。

有個孩子，我在和他晤談了幾次之後，告訴他我對他的觀察：

「你的導師告訴我，每次你在和她說話時，態度總是很輕浮，老愛開玩笑，回答問題時態度都不正經，她實在不知道你在想什麼。可是在這裡，我和你接觸了幾次，卻沒有觀察到這個現象。」我要他告訴我，對於導師的描述，他有什麼看法。

「對啊，老師說得沒錯。」他平靜地說。不只對導師，他對其他師長也總是嘻皮笑臉。

「爲什麼在我這裡，就看不見那個面貌的你？」我疑惑地問。

他搖搖頭，告訴我，他不知道。

接下來，我們持續談話。我們之間的話題範圍很廣，談課業、談生涯、談夢想、談家庭、談朋友、談愛情。幾週後，他告訴我：「老師，你不是曾經問我，爲什麼對你不會嘻皮笑臉嗎？」

我想起曾經問過他這個問題，我說：「嗯，我覺得跟你討論時挺正經的，從沒見過你輕浮敷衍的態度。」

「我想過了，也許是因爲你從來沒有一定要我說什麼吧。」

與兒童或青少年一起工作的心理助人服務者，常遇到某類個案，就是在學校裡和師長互動時讓師長頭痛得很，卻在心理助人者（包括心理師或輔導教師）面前相當配合。

在進行諮商督導時，新手心理師或輔導教師常對我提到這類孩子的樣貌：「他和我說話時相當有禮貌，也很正經，不像導師說的那樣老愛開玩笑。」「唔談中，他談到滿多事的，不像轉介的老師說的那樣，什麼都不肯說。」「我們談過幾次了，他知無不言，也很眞誠地說出內心的感受與想法，但他父母卻說他總是隨便敷衍大人，但我實在看不出來……」

在我自己的經驗中，也時常接觸到這類型的孩子。在晤談室外他人的描述與評價，與晤談室內我的觀察與感受，之間有著極大的落差。

有時讓我感到很疑惑，到底誰看到的才是眞相？

「消極配合」終止了繼續互動的意圖

這類型孩子所呈現出來與大人的互動型態，是典型的「消極配合」行爲。也就是，他們不會頂撞師長，也不會對師長默不吭聲、毫不理會；他們會說些師長想聽的話，但通常不會照著做。

有些孩子帶著嘻皮笑臉，有時有些油嘴滑舌；有些孩子則是臉上表情漠然，只是在嘴上講著：「好～我知道了。」簡潔的回應風格，「句點」任何他人想繼續互動的意圖。

你說孩子不聽話也不是，但他實際上也沒真的照你說的話去做。每次你要求他或糾正他的言行，他不是開玩笑地敷衍你，不然就是冷淡又簡短地附和你說他知道了。

對於這些孩子，師長找不到理由說他們做錯了什麼，但就是拿他們沒輒，找不到話題繼續談下去。最後，不僅無從了解他們，更不知道他們心裡到底在想些什麼。

於是這些孩子，就這樣被轉介來給輔導教師或心理師了。

是對話，還是爭奪權力的戰場？

實際上，**消極配合，是人際關係中爭奪主導權的表現方式之一**。通常，**孩子在權力地位上處於弱勢，卻用看似配合，但讓你不知道如何繼續互動的方式，展現出沒能被你控制的一面**。於是，不知不覺中，你們之間的互動便由他取得主導的地位了。

孩子很懂得如何趕快與你結束話題。爲什麼他們要在對話中取得主導權？因爲，他們想趕快結束對話；爲什麼想結束對話？因爲，他們預期這場對話不會很愉快。當你拿他沒輒時，自然講不下去，就會放過他了。

「他們根本不想了解我的難處，只是一股腦兒地批評我，要我改正這個、改正那個。」一個孩子曾經如此告訴我。

原來，消極配合的背後，真正的意圖是拒絕接觸。

想一想，在職場上，如果上司從不願傾聽下屬的意見，只是不斷地下命令，或是指責批評，做下屬的當然也只能一個勁兒地點頭，拚命說：「好、好、好，我知道了！」這種情況也難以判斷，下屬到底是眞的知道了，還是在敷衍上司？

當你不想與某人有過多互動，又不想撕破臉弄得大家都難堪時，就會很自然地消極配合。大人如此，孩子當然也會如此。

抗拒行爲之前，必存在著控制的意圖

我們不是討人厭的惡上司，卻落得讓孩子不想與我們接觸。因爲，**每個抗拒行為之前，必存在控制的意圖，這是我們不經意中流露出來讓孩子感受到的**。

人與人之間的互動，追求的是雙贏。**雙方在充分表達與交換觀點後，取得一致的共識，而非誰是誰非的零和競賽**。師長雖有引導孩子成長的責任，但在與孩子溝通時，卻得放下任何想操控或主導局面的意圖。**尤其是對青少年時期的大孩子，別預設孩子一定得照著我想的說、照著我想的做**。

身為師長的我們，當發現孩子出現消極配合的言行時，得立刻意識到自己是否曾釋放出操控的意圖。然後，請坦承地對孩子說：

「我能感受到，你也許不太想跟我談，因爲你覺得只能照我說的做，沒有別的選擇；只能談我想談的話題，不能說別的，是嗎？」

接著，你可以這麼告訴孩子，表達你的開放心態：

「我很抱歉讓你有這種感覺。我很想多了解你，與你討論你現在面臨的困境，甚至給你一些幫助。如果你願意的話，可以告訴我任何你想說的。然而，想說也好、不想說也好，我都尊重。如果你願意說的話，想多說一點、少說一點，也都可以。」

最後，別忘了讓孩子知道，你非常尊重他：

「那些不想讓我知道的事，可以留在你的心底就好，我不會再追問。」

其實，這正是我在青少年個案晤談一開始，就會攤開來說的「臺詞」。孩子們是敏銳的，當他們聽了這些話，眞正感到被尊重時，就願意侃侃而談，眞誠回答我所提出的問題。

而我也可以感受得到，我們之間不是在爭奪談話的主導權，而是在朝向讓對方變得更好的目標下，眞心地貼近彼此。

學習不操控孩子。眞正的互動，來自心態開放的尊重。

06 討愛的孩子？

在一次親職教育講座後，一位家長上前與我討論孩子學習的事。他告訴我，孩子剛上國中，在學習上投注許多心力，甚至犧牲睡眠，卻效果不佳。由於孩子時常晚睡，她非常擔心孩子的身體發育狀況。

我既心疼又驚訝地說：「一天只睡六小時，對一個青少年絕非有益的生活習慣。他究竟是怎麼用功的呢？」

「他從小有注意力方面的問題，現在透過服藥控制。他寫字和閱讀的速度很慢，功課或習題常常寫不完。國小時還好，國中課業分量一重，他就得花上更多時間把作業完成，忙完時已經夜深人靜了。」

是個認眞的孩子啊，儘管有些發展上的障礙，仍然堅持爲自己的學習負起責任，我不禁感到佩服。

家長繼續說：「不過，我覺得他完成作業或閱讀速度這麼慢，應該和他的龜毛個性有關。」我點點頭，用眼神示意家長繼續說。

「他總是堅持寫字要一筆一畫、工工整整，不能有一絲含糊；讀書也堅持書本裡的每一字、每一句都要讀到，而不是找重點讀就好。」

我直覺這孩子在學習上有著高度焦慮的情緒，於是問家長：「孩子現在的課業成績如何？」家長告訴我，在班上幾乎是墊底。

「他考不好，回家會對我哭訴。問我爲什麼他都這麼用功了，成績仍然不好？我要他早點睡，精神飽滿去上課，理解力和專注力都會比較好，但他就是不聽，堅持每天讀到三更半夜。孩子都這麼認眞了，我也只能安慰和鼓勵他……」家長眼眶泛紅地問我：「我還能做些什麼呢？」

我沉思了片刻，點點頭說：「看孩子這麼無助，你一定很心疼吧？又擔心他把身體給弄壞了。我跟你一樣，也不贊成孩子晚睡，影響成長發育和學習效果。」

我繼續說：「不過，你得知道，這孩子是個『討愛』的孩子。」家長瞪大眼睛、疑惑地看著我。我接著說：「**也就是說，孩子想讓你們看到的，其實不是成績的進步，而是他有多麼的努力。**」

我對憂心的家長說：「我不知道孩子過去經歷了哪些挫敗或創傷，但是，他很擔心因爲功課不好而無法獲得父母的肯定與關愛。於是**他用犧牲睡眠這樣的用功程度，來讓你們看見他的努力。他擔心的其實是無法獲得父母的愛。**」

家長點頭如搗蒜地說：「這下我想起來了，他似乎真的很沒有安全感，從小就常問我們是否愛他。」

「那麼，你們怎麼回答呢？」

「我說，只要你乖乖的、把功課顧好，爸媽一定會愛你的。」

學習策略的使用缺陷

當學校的課業內容加深加廣時，孩子理應採行新的學習策略來因應，然而不少孩子並沒有展現新的學習行爲；或者在採行新的學習策略一陣子後便放棄了，退回使用原來的學習策略。這種現象稱爲「學習策略的使用缺陷」（utilization deficiency），通常發生在學習階段轉換時的孩子身上，主要的原因可能有二：

（一）孩子根本不知道有哪些新的學習策略可以使用。

當國小升上國中、國中升上高中時，在課堂上，老師幾乎很少在傳授課業知識以外，同時指導該科有效的讀書方法。於是孩子們必須自行摸索，當摸索不出個所以然時，自然繼續沿用舊有卻效果有限的學習策略。

（二）採行新策略占用過多的心智資源，而且短時間內看不見效果。

另一個原因是，孩子知道該採用新的學習策略，也知道有哪些新的學習策略可供選擇使用。但是新策略的採行多半過於耗神費力，占用太多的心智資源；而且剛開始嘗試時，一時間還看不見效果，孩子便很快認定新的方法無效，走回原來的老路，用著過時但曾爲自己帶來幫助的學習策略。

無效的方式常帶來無可取代的好處

另外還有些孩子，即使在師長的鼓勵和協助下，嘗試新的學習策略，但仍然不願意調整自己的學習行爲，堅持使用原本的無效方法。花了更大量的時間和精神在上面，成了拚命三郎卻仍事倍功半。

愛因斯坦曾說：「瘋狂的定義就是，用相同的方式、做相同的行為，卻期待不同的結果出現。」

問題是，人們爲什麼總要堅持使用無效的方式、帶來無效的結果，期待落空後又讓自己陷入痛苦之中？**顯然，這無效的方式可以為人們帶來無可取代的好處；換句話說，無效的方式是有功能的，這功能的重要性大過於獲得期待中的結果**。

於是，人們寧可無意識地犧牲期待中的結果，也要堅持透過無效的方式獲得無可取代的功能，這在孩子學習策略的使用缺陷上也時常出現。**透過堅持使用無效的學習策略，為自己帶來無可取代的好處，這好處對個人而言的重要性，遠大於成績的改善。**

究竟孩子心裡頭有什麼天大的事，需要透過堅持無效的學習方式才能維持或獲得呢？——若是對父母的愛常感到匱乏時，就可能如此。

討愛不成反討厭

我曾見過許多孩子，因爲過去在學習上的挫敗，就在內心奠下「我不可能把書讀好」這樣限制自我的信念。當孩子相信自己在課業學習上注定失敗，當然覺得無論採用任何學習策略都是無效的。

然而，孩子不僅不想讓父母失望，反而更希望能繼續得到父母的支持和肯定。於是會一邊採用原本無效的學習策略，同時變本加厲地花費更多精力投入課業。**這樣的孩子就是在傳遞一個訊息：「雖然我的成績表現不好，但是我已經盡力了，請你們不要因此不愛我。」**

前面案例提到的孩子有著注意力的問題，成績自然不會太好，尤其在課業表現不如預期、挫敗連連時，就會擔心父母會因此不愛自己，這是一種內在對愛的匱乏感。

這是個討愛的孩子，當孩子連愛都討不到時，就會從討愛的孩子變成討厭的孩子，開始做出各種偏差行為，來獲得父母師長的關注。

別讓孩子誤以爲只有成績好才值得被愛

然而，許多家長常常從小告訴孩子：「只要你乖乖的、成績好，爸爸媽媽就會愛你。」事實上，這是一句危險的話，因爲如此會讓孩子以爲，只有成績好才值得被愛，於是，愛就有了條件。

孩子感受到「只有成績好，才能獲得父母的愛」時，會拚命在課業上求表現。若是在一番耕耘後卻成效不大，便會退而求其次，透過拚命讓父母看見自己的辛苦，來確保父母的愛。

此時孩子正在告訴父母：「我已經盡力了，當我的成績不理想時，請不要責怪我，請不要不愛我。」

父母對孩子的愛當然是無條件的。然而一句習慣性的話，卻讓孩子帶著不安成長。因此父母一定要記得，得讓孩子感受到你對孩子的愛是無條件的。請時常帶著溫柔而堅定的語氣，告訴孩子：

「從你成爲爸媽孩子的那一刻起，爸媽就是全力愛著你的！這無關你的表現，爸媽對你的愛都不會有絲毫減少。」

當孩子不再需要討愛，就會對自己原本堅持的無效行為，做出調整與改變。

07 說不出口的困境？——當孩子出現問題行爲時

「老師，我不喜歡命令別人做事……」他低著頭，小聲地說。

孩子是由導師轉介過來的。剛開學時，他被選爲班上的衛生股長，卻沒有確實分派或監督同學進行打掃工作，以致班上的整潔成績名列全年級倒數，同學們怨聲載道。

導師問他爲什麼沒負起責任，他告訴導師，他不知道衛生股長需要做這些事。導師覺得很誇張，轉介時特別叮嚀我：「這孩子很狡猾，會說謊逃避事情，你別被他耍了！」我說：「讓我跟他聊聊吧。」

孩子說話的速度很慢，聲音很小，也很少看著我。但仍然緩緩地對我說：「不知道爲什麼，我就是無法指派同學做事情。每次想到，都會覺得壓力很大、很想逃避。」

「所以你才對導師說，你不知道自己需要做這些事？」我接著問。他回答：「嗯！我不是故意要騙導師的。」

「事實上，任何需要接觸人群的時候，我都會十分焦慮。」他補充說道。

「眞的嗎？」我驚訝地問。「對啊！快要運動會了，放學後班上同學都要留下來練習競賽項目，我很不想參加。」我想起，每當接近運動會時，放學後的校園仍然很熱鬧，孩子們總是賣力地抓緊時間做最後準備。

他在班上總是獨來獨往，沒必要時，不會主動和人接觸。我警覺地問：「那麼，現在你在這裡和老師講話，會感到焦慮嗎？」他說：「會！一開始很緊張，現在好一點了。」

我才猛然想起，孩子走路時總是拖著腳步，低著頭，避免與人視線交會，也害怕成爲他人目光焦點；說話時也語句精簡，音量微弱，看似有話想說卻像卡在喉嚨般說不出來。如果帶他就醫，恐怕會被精神科醫師診斷爲「社交焦慮症」（Social Anxiety Disorder）吧。

這樣的孩子一定很辛苦！每天來學校都得面對人群，不是同學就是老師，下課、午休或遇到需要團體互動、分組討論的課程，焦慮指數立刻飆高。只有回家才能眞正放鬆下來。

我更可以想見，擔任需要主動指派工作給同學的班級幹部，根本是要他的命！也因此能理解，爲什麼他會對導師說出「不知道要做這些事」，因爲眞正的困難，是說不出來的啊。

吃力不討好的領導者角色

我想起從國小到大學，因爲成績和人緣不錯，多次被選爲班長，老師和同學都說我很有領導能力。實際上，我恨透了這個職務。

一直到現在，我仍然排斥擔任領導者的角色。我可以在長官的指派下把工作妥當完成，但若是要分派任務或指使他人做事，我卻避之唯恐不及。

我常說自己患有「權威恐懼症」。其實我自己也納悶著，有「權威恐懼症」就算了，還不願意成爲權威？這或許和學生時代的一些不愉快經驗有關吧。

記得小學時期擔任過班長，常得在老師不在時維持班級秩序。而班上亂轟轟的，我怎麼也無法讓大家安靜下來。等到老師進教室後發現全班吵成一團，就連我也一起處罰了。

後來，我學會板起臉孔，把吵鬧的同學一一登記下來，名單交給老師，總算讓同學乖乖不敢造次。可是，我卻開始被同學排擠了。只是小學生的我，夾在老師與同學中間，既委屈又無力。我開始痛恨起這個班級幹部的身分。

上國中之後，我又當了班長。常要催收同學的作業或資料，有些同學就愛拖拖拉拉，三催四請也不交，過了很久還是收不齊。我好幾次被學校老師不明就裡地痛罵：「拖這麼久還收不齊，你到底有沒有盡責啊！」

我很早就知道，如果師長不挺你，擔任班級幹部就是個吃力不討好的角色。我曾經鼓起勇氣，主動向國中時的導師請辭班長的職務，卻被導師痛罵一頓：

「你說不想當就可以拍拍屁股走人嗎？那麼，我也不想當老師，我可以說辭職就辭職囉！」導師說得義正詞嚴，當下我巴不得他立刻辭職，但只能放在心裡想。

問題行為的背後，藏著良善的目的

我們總是鼓勵孩子擔任班級幹部，為班上服務，美其名是一種磨練，實際上最大的受惠者總是師長。弔詭的是，班級幹部幫師長分擔了許多班級經營的工作，然而，有多少師長教導過孩子如何擔任班級幹部？如何因應擔任幹部時的壓力與困難？或者當孩子在服務過程中受到委屈時，願意給予他們支持？

或許是這些創傷記憶，讓我害怕接觸任何需要命令他人或指派任務的角色。我深恐會有壞事發生，也總覺得自己沒有能力扮演好這樣的角色。

所以，我能理解這孩子的痛苦。事實上，不是他不願意負起責任，實在是有難以克服的困難。**孩子對於命令他人做事的恐懼程度之大，大到他必須對導師撒謊來逃避，這是一種自我保護的機制——儘管在一般人眼中是欺騙或不負責任的行為。**

我相信，所有的行為背後都有正向意圖，即使是看似不被主流價值接受的行為，背後也有著不得已的原因。可能是想保護自己，或者覺得是當下所能做的唯一選擇。

你是否聽見了孩子的求救聲？

從事心理助人服務的期間，我遇過許多被扣上行爲偏差，例如消極懶散、態度不佳或不負責任等形容詞的孩子。**在深入理解後就會知道，這些「偏差行為」背後都有其功能：有時是孩子為了引起注意（負向關注），有時則是在自我保護，或展示自我價值。**

而更多時候，偏差行為只是孩子遇到難以招架的困難時的表象訊號——他們缺乏因應某些情況的能力，或者面對某些事時束手無策。如果我們再仔細觀察就可以發現，這是孩子釋放出的求救訊息，希望大人能理解並伸出援手。

家族治療大師維琴尼亞·薩提爾說：「問題不是問題，如何因應才是問題。」**那**

些不被大人接受的偏差行為，或許正是孩子用來因應當前困境的方式，也是他們在當下所能想到、或能力所及的唯一選擇。

因此，面對行為出現偏差或看似不負責任的孩子時，我們先別太快做出評斷，而是該試著相信，偏差行為的背後，可能有著孩子說不出口的困難。

無論如何，請讓孩子們知道：

我相信沒有人願意故意做出不被接受的行為，當你這麼做時，或許有你不得已之處。如果你願意的話，請讓我知道你的困難，我們一起想辦法面對並解決問題。

當大人願意放下評價，試著用心理解時，孩子的心門便敞開了。

08 你是回到「孩子狀態」的大人嗎？

有個學生入學後沒幾個月就時常請病假，在家休息的時間比上學的天數還多。但其實她的身體狀況沒什麼大問題，我與她深談之後，她告訴我：「實在念不下去了，很想辦休學。」

「我知道我媽一定不會同意，但我又不想來學校，只好一直請假。我也不清楚自己到底有沒有生病，反正有時候也眞的不太舒服。」

我請她的母親來學校談談。母親告訴我，孩子從小乖巧懂事、自動自發。因爲是單親家庭，母親擺小吃攤做生意，十分忙碌；孩子放學後就在小吃攤寫作業、念書，順便幫忙母親，從來沒有一天讓母親操過心。

「我們母女倆相依爲命，感情很好，晚上也都睡在一起。」母親對我說。我一聽不對勁，照理說，高中生早就該自己睡覺了。

「幾年前，她父親因爲對我長期施暴，鬧上法院，判准離婚。從那之後，每到晚上我一個人睡都感到恐懼，她陪我，我才覺得比較有安全感。」

原來如此，孩子竟成了母親的情緒伴侶了。

於是，孩子雖然在學習上感到志趣不合，念不下去，卻不敢對母親開口要求辦休學，準備重考。口頭上雖說「母親不會答應」，內心深處卻是擔心，做出這樣的請求，就不再是母親眼中的乖孩子，就在不自覺中，讓身體的病痛來表達自己不想上學的意圖。

因爲在孩子心中，只有保持乖孩子的形象，才是照顧母親需求、滿足母親期待，以及和母親持續保持情感連結的最好方式。

孩子狀態的父母造就自我犧牲的孩子

孩子基於對父母的愛，總是能敏銳地察覺父母的心情，同時滿足父母的需求。**有**

時候，孩子是透過乖巧、順從、懂事，回頭照顧父母內心的缺憾。在此同時，孩子也不斷地犧牲自己的需求，特別是對未來發展的決定權。

很多時候，當父母本身沒有足夠的成長，或因為某些壓力而退化成「孩子狀態」時，孩子就可能回過頭來成為父母的照顧者。而當孩子逐漸長大，有了與父母不同的主張、卻得不到父母的支持時，只能下意識地犧牲自我主張，以壓抑內心深處可能背叛父母的罪惡感。

當孩子內心強烈渴求獨立自主，又必須繼續照顧父母的需求時，為了平衡兩者，會發展出許多令人費解的莫名症狀，或自我破壞的行為模式，正如前述的案例一樣。

所以該正視的，是身為大人的我們，是否無意間讓自己處在了孩子的狀態中，讓眞正該被關愛的孩子，反而得回過頭來，照顧我們這些貌似成熟，實際上內心匱乏的大人。

看似貼心懂事的孩子，其實是……

當父母的，都希望孩子像天使般貼心，能敏銳地覺察大人的心思。乖巧、聽話的同時，也表現出父母心目中理想的樣貌；對於父母的安排，能欣然地接受，同時體會父母的好意。

如果孩子從小到大，總是順從父母的要求，就算有自己的想法，但在面臨到自己做決定時，也常放棄堅持，聽從父母的安排。**我們反倒要擔心，看似貼心懂事的孩子，其實是在回頭照顧父母的需求**。

我時常看到一些孩子，小時候貼心順從，長大之後不知道怎麼變了調。他們並不是叛逆，也不是和父母起衝突，還是乖乖地接受父母的安排，然而，可以隱隱約約地感覺到，孩子與父母之間存在著對抗、角力與拉扯。

這種隱性的對抗並不明顯，但父母與孩子的內心都不好受。

事實上，孩子雖用「順從」與「不想違逆父母」的方式來表達對父母的愛，另一方面卻想做真正的自己。

從照顧父母，變成一味在關係中討好

習慣回頭照顧父母的孩子，長大後往往會成為一位能敏銳察覺他人感受、富同理心、懂得主動照顧他人需求的大人。

他們常不自覺地把他人的需求放在自己的需求前面，當兩相衝突時，總是選擇犧牲自己來優先照顧他人。就像從小與父母之間的互動一樣，其實真正擔心的是不被認同，或不被愛。

在任何人際關係中，為了與他人持續保有情感連結，他們也會不自覺地透過照顧他人的需要，來取悅與討好他人，以獲得好評，甚至擁有歸屬感。當進入愛情或婚姻關係中時，也容易成為討好另一半或過度承擔他人責任的伴侶，為親密關係埋下了不安定的種子。

然而，任何人都無法透過一味討好，來獲得本身就缺乏的愛與認同感。這份來自幼年時期的匱乏感與未被滿足的需求，將在為人父母後，無意識地投射到對孩子的期待上，要求孩子回頭照顧自己的需要，並在無意間複製了自己父母的模樣。

讓孩子充滿罪惡感的情緒勒索

「我的孩子今年就要從高中畢業了，未來想念A科系，但我希望他念B科系。本來兩方都相持不下，最後他還是聽我的話，勉爲其難地選了B科系。但是每次見到他失望的眼神，我就忍不住自我懷疑，我這樣要求他，眞的對嗎？」

一個家長在我演講後，前來問我問題。我反問他如此要求孩子的原因。他說：「興趣畢竟不能當飯吃，我擔心他將來沒前途，所以說服他讀B科系比較穩當。」

在孩子的生涯選擇上，親子間總是上演著類似的戲碼。孩子們很掙扎，放棄自己的理想抱負；而父母見到孩子的難過與失望，也是心疼不已。

只是，父母常以「一切都是爲了你好」的名義，來代替孩子做決定。儘管看到孩子的痛苦，即便知道父母不該過度干涉孩子的未來發展，但只要想著這是「爲了孩子好」，父母心中的天人交戰，彷彿就交代得過去。

我常在會談或演講授課的各種場合中，聽到年輕朋友的抱怨：

「我只是要轉換個跑道，爸媽就擔心得要命。一天到晚要我三思而後行，他們擔心的，難道我就沒想過嗎？」

有的說：「我爸媽說，他們很為難。一想到我要轉換跑道，就吃不下、睡不著。我說，這是我的人生，我自己負責，請他們不要擔心。他們就說：『天下父母心，哪有不擔心的？』但是，看到他們擔心成這樣，我很懷疑自己是否還要堅持下去。」

這就是一種情緒勒索，透過讓孩子的內心充斥罪惡感，不得不放棄自己的堅持。此刻，父母變成了孩子狀態（吃不下、睡不著，需要有人安撫照顧），反過來要孩子回頭照顧他們的煩惱、恐懼與焦慮。

支持孩子走自己的路

眞正「爲孩子好」，不是爲孩子擔心、操煩，而是讓孩子回到孩子的角色，放手追求、創造屬於自己的人生。

請相信，孩子自出生起，便已具備讓自己過得成功快樂的能力了。**父母的任務只是催化孩子將這些能力充分地展現出來，而非左右孩子如何使用這些能力**。

父母對孩子的愛，若是帶有過多的焦慮、恐懼或擔心，往往來自於成長過程中的創傷經驗，或者未被滿足的需求，以及一些未能完成的缺憾。**這些問題該由大人自己去處理，而非投射到孩子身上，讓孩子承擔，甚至無意間成了父母的照顧者，而無法將自己的人生活得更好**。

如果孩子在成長的路上，一直回頭看著父母，如何將心力聚焦在眼前的挑戰，又如何全力以赴地追求成就呢？

父母唯有安頓好自己的內心，才能擁有足夠堅實的力量，支持孩子的成長。請用個成人的心態，照顧好自己吧！如此，孩子便能毫無罣礙地充分發展人生，長成自己真正的模樣。

Part II

壞掉的大人與令人窒息的愛

大人背負著身上既有的痛苦，

卻得同時面對教育孩子的壓力。

也因此，孩子常淪為大人暫時解決心理困境的工具。

此時，孩子的成長過程，就在無意間被父母給犧牲了。

這些孩子成了解決家庭問題、維持家庭運作功能的犧牲者。

09 你的一句話，傷了孩子一生

這天，是學校運動會，有個孩子，代表班上參加各項比賽，剛在四百公尺決賽中奮力衝刺，勇奪第一。在全場沸騰的歡呼喝采下，站上司令臺，從校長手中領到了一面閃亮亮的金牌。

胸前掛著金牌的他，還喘著氣，臉上難掩興奮與自豪。

走回班上休息區的路上，擦身而過的是他的班導師。導師微笑地看著他，沒多說什麼，只在他耳邊留下一句話：

「不錯嘛……唉，只可惜，在課業上你總是不爭氣……」

孩子臉上的光彩瞬間消失，取而代之的是沮喪憤怒的神情，盯著導師那帶著諷刺的笑容。

導師睜大眼說：「看什麼？我說錯了嗎？」

這個正值高中的大孩子，課業上總是在班上墊底，沒有一科的成績可以見人。同學戲稱，有他在，沒有人需要擔心自己會是最後一名。唯獨，他人高馬大，身材壯碩，跑得快、跳得遠。

一年一度的運動會，是他得以大顯身手的時候。一年三百六十五天，他就期待這一天。因爲，**每天，每堂課，成績總是被同學打趴到抬不起頭的他，唯獨在田徑場上，可以打趴別人，獲得所有人的掌聲。**

他只是想被看見，也想感受萬眾矚目、叱吒風雲的感覺。

然而，他脖子上掛著的金牌，卻沒辦法證明什麼；特別是，在師長眼中，他仍然是個魯蛇。

常常，有好多這樣的孩子，被大人的一句話，擊垮了，重傷了。

沒有一個孩子天生想把書念差，每個孩子都期待自己的表現有目共睹。因爲，每個人都希望擁有美好的明天，都希望明天的自己比今天活得更成功一些。

無奈，在這個階段，課業學習對他們而言就是很困難。一個觀念沒搞懂，卡住了，新的進度一直來，他們跟不上。於是，課業越來越落後，成了班上的「啦啦隊」。上課時，他們感覺像在聽外星人說話，痛苦萬分，最終負荷不了，也無從改善，索性放棄學習。

這些孩子，時常在成績單上看到墊底的自己，再怎麼沮喪，久了也麻木了。然而，在他們心中，都有個小小的心願：「或許，我可以在其他地方，讓別人看到我。讓他們知道，其實我也很不簡單。」

是的，每個孩子都想要被看見。

如果在學校生活中，有著一件值得期待的事情，孩子可能就會為了這件事，願意每天來學校，特別是那些能被人刮目相看的時刻——即使大部分的時間毫不起眼。

然而，大人的一句話，或許無心、或許有意，都可能擊垮一個孩子的自信心。

如果，我們心胸狹小得連一點舞臺都不願意給孩子，連一點讚美都不願意開口，而總讓孩子覺得：「不論我如何努力，都不可能被肯定。」那麼，他們真的會就此徹底放棄自己的人生。

大人對「成績至上」的矛盾心理

大人很奇怪，嘴巴上常說：「課業不是最重要的。」卻總是戴著有色的眼鏡——用「課業學習表現」做成的鏡片，不自覺地以成績來評判孩子的價值。成績優異的，放心地點點頭；成績落後的，無奈地搖搖頭；而那些看似放棄學習的，更是心灰意冷地皺眉頭。

一直到現在，許多孩子還會因爲成績不佳，而在班上受到師長的差別待遇。例如成績吊車尾的同學必須負責沒人想做的掃地工作，成績較好的同學可以先挑選班上的座位等等。

而最傷人的，其實是師長在公開場合批評孩子的課業成就，並把課業表現好壞連結到孩子人格優劣，甚至人生發展成敗與否。

「老師叫你都不回應，功課已經這麼差了，連一點禮貌都不懂，以後還能有什麼指望？」「交代你的事都做不好，每次還要幫你收拾善後，也不想想你的成績這麼差，都不知道你的前途在哪裡？」諸如此類……然而，課業表現與人生成敗並非同一件事，也不能混爲一談。

事實上，大人們的內心也很矛盾。他們確實知道課業表現並非人生的全部，但站在孩子面前，卻又不由自主地把分數擺在首位，用「成績至上」的價值觀看待孩子的人生成就。

「我也不知道爲什麼會這樣，看到學生功課不好，態度又散漫，我就一肚子火！」曾有師長這麼對我說。

「我也覺得難以理解自己，明知道要對孩子多讚美、多鼓勵，別太在意課業表現。但每次看到孩子拿回來的成績單，我就焦慮起來，跟著就開始碎碎唸了……」曾有家長這樣告訴我。

許多大人的內心世界，似乎內建著無法忍受孩子成績不佳的自動化模式。細究原因，**我們的文化氛圍就是如此，長久以來的主流價值觀總是稱頌那些會讀書的人。而大人們也是在如此對待下長大。若幸運地，在課業上成為人生勝利組，就會再用這樣的標準來評價孩子的人生。**

讓孩子的努力被看見

我們可能不知道，一句脫口而出的話語，或臉上一閃而過的神情，會對孩子造成多大的傷害。特別是那些低自尊、低成就，且十分渴望獲得認同的孩子們。

我們以爲，這些孩子已經放棄了自己的人生與前途，只因爲他們對課業束手無策，看起來也毫不在意。**但我們不知道的是，孩子們可能正努力找尋另一個讓自己獲得掌聲的舞臺——可能是他們生命熱情的來源。人只要對生命懷抱熱情，就能擁有繼續向前的力量。**

一個人在學生階段沒有特別出色的學習表現，不代表一輩子都無法學得好。只要對人生仍抱有熱情，無論在生活的哪一個面向，都可以憑著一股熱情，去接觸更深廣的知識、學問與技能。

或許在運動場上拿個金牌，也無法進軍奧運，但是，對於運動保持熱忱的孩子，很難說，未來可能是個優秀的運動研究員，或者運動事業經營人才。他會爲他喜歡的事投入學習，此時，我們還能評價他是個「不會讀書」的人嗎？

讓孩子的努力被看見，讓孩子生活得充滿自信，他才會對未來的人生抱持期待，也會帶著這樣的期待而充滿力量前行。

讓孩子對生命抱持熱情

有個朋友在烘焙事業上做得有聲有色，訂單總是接不完。忙碌之餘還得抽空去聽講習課程，花錢學習新技術。他告訴我，小時候，他在課堂上總是很挫敗，後來就從國中一路睡到高職畢業。

他說，學生時代，老師只教進度，不教讀書方法，他不得要領，考不好，當然興趣缺缺。後來國中導師特別安排他去技藝班，學習烘焙，改變了他的一生。

每次做了蛋糕麵包帶回班上，同學搶著吃，讓他有面子極了。導師更是對他讚不絕口，說他的商品未來肯定會大賣；即使他知道，導師的稱讚太誇張，畢竟當時他的作品還上不了檯面。

現在，他在課堂上總是十分專注，筆記抄得整整齊齊，還研讀許多參考書籍，連外文書都有。許多學校、機構都邀他去授課，有誰還會說他是個不會讀書的孩子呢？朋友在學生時代課業成績總是敬陪末座，卻在十幾年後，像個海綿般不斷吸取新知、積極向學，彷彿換了個人似的。爲什麼？最重要的關鍵，來自於他對生命始終抱持著熱情。因爲，在他的世界裡，有著讓他能夠大展長才、盡情揮灑的舞臺，同時，透過全心投入而獲得掌聲、受到肯定，這番成就驅使著他付出更多，自然願意克服學習上的任何困難。

永遠記得，孩子和我們一樣，都想被別人看見。

有智慧的大人總能為孩子創造舞臺，讓孩子在擅長的領域中被他人看見，獲得自信與繼續向前的力量。然而，目光如豆的大人，卻可能用一句話擊垮孩子對生命的熱情。

10 孩子的未來，你決定？

每年的四月到六月，總要和無數的高三孩子討論其生涯方向。幾年下來一再重複的會談歷程，也累積了不少經驗。

在這個時間點，孩子都相當徬徨。

幾週前，還在爲大考奮戰。在這之前，很少（或從沒）想過自己的未來要往哪裡走、大學要讀什麼科系，突然間，碰上了這個人生大哉問，能不慌了手腳嗎？

於是，前來向輔導教師「求解」的人，眞的不在少數。

可是，他們要的常是一個標準答案，不外乎：

「我適合念哪個科系？」

「依我的分數，念什麼科系最好？」

「哪個科系未來最有前途？」

「甲校系和乙校系哪個比較好？」

每個都是大哉問，回答起來也很費時。但孩子就是要你直接給一個答案，讓他們心裡有個依歸，就像在大海中找浮木，抓著走就對了。

來找我之前，孩子們通常已諮詢過其他師長。我在引導孩子思考問題時，他們總會告訴我其他師長的觀點或建議，聽了有時令人感到心驚膽跳。例如：

「去讀某科系就對了，未來比較有可能考上公務員！」

「本校學生去參加這間大學的面試常鎩羽而歸，還是不要選這間吧！」

「現在這個產業的前景最好，讀這個最吃香！」

「這間大學以前是某領域起家的，和你的專長不合！」

「某地區的大學都不好，別考慮那裡！」

「不要念那種沒有聽過名字的科系，很危險！」

令人捏把冷汗的熱心建議

面對孩子的問題，直接給出答案，是最簡單的；而孩子要的，也是一個直接的答案。然而這麼做，對於孩子內心的困惑，特別是關於生涯決定，不一定有幫助，甚至還可能出現副作用。

首先，孩子可能因此養成依賴的心理。面對這樣的人生大哉問，總是採取從大人身上得到標準答案的被動態度，而不願自己蒐集各種訊息綜合判斷、獲得答案；另一個可能的風險是，這些直截了當的建議本身，往往必須打上問號。

這些建議，都來自孩子身旁的熱心長輩。但是在這些建議背後，常常是偏頗、過時、出自刻板印象，甚至邏輯不通的資訊。

讓孩子爲自己負責

輔導與諮商的長年訓練，讓我學會在面對個案的問題時，特別是人生重大議題的抉擇時，盡可能保持價值中立。**然而，價值中立是不存在的，因為「價值中立」本身也是一種價值。**

既然無法完全做到價值中立，就要做到給予個案選擇各種價值判斷的機會，並予以尊重。基於個案的福祉，這是最高指導原則。

於是，在面對孩子的生涯議題上，即使我們對於某些大學校系或工作領域有所好惡，仍需盡可能保留更多空間給孩子自己思考、探索。

首先，盡可能提供孩子客觀、正確與最新的資訊。當涉及價值判斷時，例如分析大學校系或職業的好壞、高下、優劣、前景時，也要提供多元的資料來源與觀點，避免偏頗。

其次，時時反思自己的觀點是否帶有過去的刻板印象，避免不自覺間誤導孩子的判斷。

更重要的是，與其直接提供孩子資訊，不如指導孩子自己蒐集、判斷與組織資訊，這才是孩子需要的能力，也是一種機會教育。

最後，告訴孩子：「大人提供你的資訊或思考方向，都只是參考。最終，你要為自己做出決定，也要為自己的決定負起責任。」

「最佳的生涯選擇」也許並不存在

我時常強調**「生涯不確定」**這個觀念，即現代人的生涯發展已非線性——努力讀書進入頂尖大學熱門科系，完成學業進入一流企業，從基層做起一路往上爬，直到屆齡退休。

這樣的時代已經過去了！

現今的產業脈動變化迅速，十年河西、十年河東，風水輪流轉，誰也無法預料當孩子大學畢業後，當今社會的顯學是什麼；而個人的內在特質、專長、興趣與價值觀，也都會隨著生活經驗的拓展而不斷改變。**簡而言之，人生和職涯都是「無常」兩字。**

於是，「最佳的生涯選擇」已經沒有唯一的答案，而充滿了各種可能性；生涯中多次轉換跑道也再正常不過了。

既然如此，身爲師長的我們，又憑什麼爲孩子的生涯決定，給出斬釘截鐵的建議呢？

或許是長期以來教育現場中「餵食文化」的遺毒，教師透過不斷餵食各種資訊（即教科書中的內容），讓孩子學習與成長。這種方式看起來最有效率，卻也簡化了孩子對於零碎資訊的思考——無法組織資訊而形成知識，無法組織知識而形成學問。

當孩子習慣了這樣的模式之後，面對沒有標準答案的人生問題時，就習慣向大人討食；而做大人的，也難以克制餵食的慣性，常在不自覺間給出了不知道是否可靠的建議。

是「引導」還是「控制」孩子？

有人會說，孩子哪裡懂那麼多？當然需要大人引導，才有方向。我絕對同意這個說法。然而要區分清楚的是，在我們給建議時，究竟是在「引導」，還是「控制」孩子的決策？

「控制」與「引導」的差別在於，控制是只給對方一個選擇，並且要他相信這是最好的決定；引導則是永遠給對方更多選擇，並且尊重與相信對方會為自己做出最好的決定。

當我們用「豪邁」的口氣，對著尚未對此議題擁有深度思考的孩子說：「念那個沒用，念這個比較好，聽我的就對了！」類似這樣的話語，就是一種「控制」。相較之下，大人確實擁有比孩子更多的人生經驗，但並不代表大人的看法就絕對客觀與切合時宜。

誰來承擔決定的後果？

我們隨口給出一個建議，卻可能是影響孩子未來的關鍵因素。問題是，由誰來承擔決定的後果？顯而易見的，不是大人，是孩子自己。

因此，我們憑什麼能不以戰戰兢兢的態度與孩子討論生涯規畫？憑什麼在沒有深思熟慮並充分自覺的情況下，就給出建議，試圖左右孩子的人生？

更重要的是，**我們也因此剝奪了孩子為自己做決定的機會與權利。未來，當他面對下一個人生重大議題，同樣也沒有標準答案時，也會習慣性地向身旁的人索討答案，由別人提供的建議來為自己做決定，而忽略了對問題本身進行深入探究。於是，他永遠活在別人的答案中。**

當孩子面臨為自己做出人生重大決定的時刻時，就讓他們練習自己做決定吧！與此同時，他也將為自己的決定負起百分之百的責任，這是孩子邁向成熟的必經之路。

孩子在面對人生重大抉擇的關卡時，常是徬徨無措的。人們在極度脆弱時，就像在水中載浮載沉，有人伸手就抓，見浮木就抱，於是任何可能的建議（即使是偏頗的），也將就此進入孩子心底，成為他做出生涯決定的唯一依據。

11 別讓孩子複製你的委屈

五月，原本是溫馨的季節。孩子告訴我，說他恨透了在母親節前，學校老師總要同學回家向母親表達愛與感謝，還把這個活動當成一項作業。

我很不解，問他：「爲什麼對這個活動如此反感呢？」

孩子說：「你不覺得很假嗎？而且，說完『媽媽，我愛妳！』之後，媽媽也沒有比較開心啊！」

眞的是這樣嗎？原來在國中時，有一次母親節，孩子帶著忐忑不安的心情，以及彆扭的語氣，鼓起勇氣對著在廚房裡忙碌的母親說：「媽媽，我愛妳，母親節快樂！」母親聽了之後，突然放下手中的碗盤，轉過頭來拉高音調說：

「喔！你也知道要愛我了嗎？怎麼？吃錯藥啦？還是學校規定的作業？」母親接著板起臉孔，正經八百地說：「你也不想想看，自己的成績這麼差，又常在學校惹是生非，我每天光接學校老師的電話就飽了。你知道要養你有多辛苦嗎？也不體會一下我的心情。你如果眞的愛媽媽，就乖一點，讀書認眞一點啦！」接著又劈里啪啦地唸了一堆。

「我再也不要說這種噁心又沒意義的話了！」孩子忿忿地說。

原來如此，那是一段令人沮喪的對話。但如果母親當時如此回應：「孩子，謝謝你！這讓媽媽感到好開心，辛苦都是值得的。」或許孩子現在會有截然不同的想法。

那些無人知曉的辛酸

我試著體會孩子母親的心情，是什麼讓她無法坦率接受孩子表達的感謝與愛意？或許不是不接受，而是她更急於表達自己此刻的心情。

表達什麼呢？——長期以來，內心無人知曉的辛苦。

母愛是偉大的，永遠願意爲孩子和家庭默默付出，再辛苦也會撐下來。然而，母親也是人，也有感受。若長期的付出不見成效，更重要的是，過程中沒人理解自己的辛酸，內心一定會累積龐大的委屈。

當孩子說出一句感謝的表達，立即啓動內在情緒的開關，原來無處安放的滿腹委屈，一股腦兒地傾洩而出。難得孩子能體會媽媽的付出，不趁此時大吐苦水，更待何時？結果是，孩子覺得挫敗，母親仍然感到自己的辛苦不被理解。

母親積壓已久的情緒，來自於長期的付出被家中其他成員忽視。若孩子的成長表現不錯，母親可能至少會覺得付出還有回報；但苦就苦在那未能獲得回報的付出，卻又長期沒有人看見。

家長們，你們是如何堅持下來的？

因爲孩子，我曾和許多家長聯繫，與學校接洽的大多是母親，當然也有不少父親。若有時間，我會先聽聽家長的看法。很多時候，在討論孩子的問題之外，許多母親常在我面前抱怨自己在家中的辛酸和委屈。

記得和一位母親在電話中討論孩子在學校的問題時，母親無奈地說：「我覺得我該做的都做了，孩子還這樣，我真的不知道該怎麼辦了。他爸爸都不管，把管教孩子的責任統統丟給我，他不知道我有多痛苦。老師，以後孩子的事，你去問他爸爸，我不想管了！」

於是我打電話給孩子的父親，父親接了電話，劈頭就說：「是老師喔！小孩有狀況？你去跟他媽媽說啦！小孩的事歸她管！」果然和母親說的一樣。

「我和媽媽聯繫過了，她希望我來找你討論。」

「小孩都是她在管的，我怎麼會知道？我整天工作忙都忙死了，實在很煩！」

「爸爸，冒昧請問你從事什麼工作呢？」

「在工廠做工啊！」

「那真的很辛苦，工作時間也很長吧！你這麼努力，就是希望讓家人有更好的生活，沒有後顧之憂。」

「對啊！我辛苦工作賺錢給他們用，所以小孩子教育的事，不要來煩我啦！」

「我一直聽你說煩，是不是覺得，小孩子的事情你也幫不上忙，充滿無力感。」

「唉！對啦……」這位父親原本急促的語調，瞬間變得低沉和緩。我知道，那是被深度同理時會出現的反應。

「我了解了，我知道你有心想幫孩子，但不知道怎麼幫，所以只能更認真工作，用這種方式來表達對孩子的愛。謝謝你，如果孩子知道你的心意，一定會很感動的。」

掛上電話後，我再度撥電話給孩子的母親。

「我和爸爸通過電話了。爸爸很關心孩子，但不知道怎麼接近或協助孩子，所以只好一直努力賺錢。」

「都是他的話！每次都把教小孩的事情丟給我管，小孩出問題了，就罵我沒把孩子帶好。」

「聽起來真的很委屈啊。如果只有妳一個人帶孩子，眞的很辛苦。我很好奇，這段期間，妳是怎麼撐過來的？」

母親愣住了，似乎有點驚訝。

「我的意思是，即使很委屈、無奈、挫折又無力，但妳依然沒有放棄。也還好妳一直堅持，孩子的狀況才沒有變得更糟。我很想知道，妳是如何堅持下來的？」

代代傳遞的苦悶與委屈

孩子的問題行爲常反映出家庭的困境。我知道，現階段我無法介入改變這孩子家中的紛擾；**我可以做的，是透過回應去表達，我已經看到家中的每一個人，都用自己的方式在為家庭付出。同時，我也要設法讓他們看到，自己的付出是有意義的，這會讓他們更有力量堅持下去，才能和學校師長持續合作、共商對策，打開幫助孩子的管道。**

實際上，每個家庭都一樣。家中的每個人，都用各自的方式努力維繫與家人的情感，同時爲家庭奉獻。**只是這些付出，往往沒被其他人看見，有時被視為理所當然，**

有時甚至還被怪罪指責。

於是，每個家庭成員心中都累積了龐大的委屈，導致每一次的溝通、對話與回應，就在挫敗與不歡而散中收場。

特別是，有些大人在成長過程中，怎麼努力就是得不到正面評價，或是不斷地被要求付出，卻沒有獲得對等的回報。當扮演父母的角色時，仍然習慣透過辛苦付出來表達對家人的愛，與此同時，也不斷地透露出自己的辛苦，也許是抱怨、也許是訴苦，藉由不斷提起自己的辛苦，企圖換得孩子的同情、關注與情感上的安慰。

但大人沒想到的是，大部分的孩子反而對這樣的情感表達方式退避三舍，視為一種情緒壓力。**父母本想將孩子拉近，卻無意間把孩子推遠了**。

當然也有些孩子，從小懂得體貼與回應父母的付出，透過傾聽或扮演順從的角色，來照顧父母的委屈與內心的匱乏。但是這樣的孩子也將帶著委屈的心情長大，因為，他們並沒有被允許做自己，他們扮演的是父母期待下的孩子樣貌，而非眞正的自己。

於是，**孩子無意間複製了父母的行為與情緒模式，再帶到新組成的家庭中。家人**

間的苦悶與委屈，一代又一代地傳遞下去。

沒有任何人的付出應該被視爲理所當然

人要的不多，只希望付出被看見而已。

或許，我們需要去練習，時時刻刻看見他人的努力，並且隨時表達出來。一句「謝謝」「辛苦了」或同理心，都很有力量。

在家庭互動中，沒有任何人的付出應該被視爲理所當然。每個人的努力都有價值，都需要被看見、被肯定。**大人首先需要示範對家庭成員表達感謝與肯定，孩子才能學會體貼地觀察他人的任何微小善意，並表達欣賞與感謝**。

同時大人也要覺察到，自己是否帶著長年未被看見的委屈來與孩子相處，以致不自覺中要孩子回頭照顧自己的情緒，並向孩子釋放出一種「你們欠我很多」的訊息。

你知道，**孩子並沒有欠你什麼。孩子需要的是被教導如何感恩，而不需要為你內在的委屈負責**。

大人們，我們長大了，唯有自己，才能給予自己足夠的肯定。請你見證自己的付出、欣賞，並讚美自己的努力，而不再試圖向孩子索討那些你曾失落的情感與關注。

大人們，你們辛苦了！請相信自己的付出是有意義的，而且孩子們看得見。

12 現在的孩子很有事？

會議室裡，眾人正針對一個議題爭論不休，各方代表你來我往、唇槍舌戰。

這是學校裡的一場民主盛會。爲了一個關乎師生作息的政策，全校教師、家長代表，以及每班一位學生代表，齊聚一堂。即使動用了校内最大的空間，現場仍被擠得水泄不通。

一個多小時過去，眾人仍各執一詞，難有共識，但在場發言的總以教師和家長代表居多。

主持人再次鼓勵學生代表發言。過了一會兒，一名學生舉起手，手裡接過麥克風，以顫抖卻堅定的語調，緩緩說出心中的看法。語氣雖然過於激動，但感覺得出來他已用盡了全身的力氣。

也許這是他第一次在這麼盛大的場合上發言，而他的言論，又是如此至關重大。

幾分鐘過後，一位家長代表爭取到發言機會，語氣嚴厲、毫不客氣地對著前來開會的學生們說：「告訴你們，讓你們來開會，算是尊重你們。要不是教育部規定這麼做，在過去，哪裡輪得到你們說話？師長決定就算了！」現場出現一陣騷動。

同樣出席了會議的我，壓抑著心中的激動，很想說些什麼，但始終沒有足夠的勇氣。我想說的是：

「孩子，你很勇敢！在我十六、七歲的時候，面對這麼多師長，是講不出話來的。即使是現在，要我在會議中當眾發言，也會緊張很久。」

「孩子，儘管你的語氣有點激動，大人們聽起來可能不太舒服；但我能感覺到你有著更多的緊張與恐懼。你抑制著全身顫抖，試圖壓下內心的憤怒，用力擠出這些字句。語畢，你漲紅了臉。這是你公民參與的初體驗，能做到這樣，已經很不容易了。」

其實，我更想對那些大人說：

「大人，你們在孩子面前做了最壞的示範。你們活生生地剝奪了孩子學習參與公共議題的機會，你們沒有示範民主社會中該有的公民素養。」

「大人，原來在你們的眼中，對孩子的尊重，是來自大人世界的『恩賜』；原來，孩子因爲年紀小，是沒有資格受到尊重的；原來，是因爲大人的『恩賜』，今天孩子才有機會坐在這裡。你們邀請孩子們參與討論，卻又暗示他們不夠資格參與，還得感謝大人。這不是虛僞，什麼是虛僞？」

「大人，原來你們還活在過去，活在孩子沒有聲音的年代。過去，女性沒有投票權；黑人與白人不能一起上學，那些現在被視爲理所當然的事，在過去都曾被禁止與責難，你們是否還活在過去呢？」

「大人，你們的高尚和醜陋，孩子們都看在眼裡，一點一滴地內化進心底。當孩子得不到尊重，自然也不懂得尊重別人。未來他們可能對公共事務冷感，抑或像很多蠻橫的大人一樣，自以爲是地否定他人的資格與價值。」

很多孩子需要被教育，但或許更多大人需要被點醒。

現在的孩子怎麼了？

我常聽到上一代批判或抱怨下一代。

一位國中老師向我抱怨，現在的教育氛圍總是要師長包容、尊重與同理孩子，而不是要求孩子自己學著成熟與獨立。

他忿忿不平地說：「以前我們念書時，接受的都是高壓式教育，不也好好的？爲什麼現在的孩子問題這麼多？老師碰不得也罵不得，只能一再讓步？」

我也時常被老師或家長問到，爲什麼現在孩子的情緒或行爲困擾問題特別多，過去都不會這樣？

比起過去，現在的孩子比較有事嗎？

問題一直都在，只是被隱藏起來了

過去的孩子（也就是這一代的大人）不是沒困擾、沒狀況，而是沒被辨識出來，或不被當一回事。可能有以下幾個理由：

（一）過去的心理衛生知識不像現在正確普及，孩子個人的情緒或行為問題，或是在學校中適應欠佳的狀況，常被視為「不乖」「怪異」與「叛逆」，往往是被處罰，而不是被協助。

（二）過去許多有行為、情緒或精神困擾的孩子，常因為課業跟不上而被留級或退學，最後在教育體系中消失。現在的教育強調人權與零拒絕，孩子的問題很容易一再地在校園中被看見。

（三）在學校，孩子若有心理困擾，很少會讓人知道，就算接受輔導協助，也會盡量隱瞞，怕在同儕前丟臉，這在過去和現在都一樣（儘管現在可能好一點）。因此，許多人在學生時代會「誤認」為同學們都過得健康快樂。

（四）過去的升學機會狹窄，在當年連初中都要考試入學的時代，身心異常強壯者自然才能熬得過考試壓力，殺出重圍成為人生勝利組。能當老師的人，求學路上自然順利許多，同儕也多半頭好壯壯。而那些沒能繼續升學的同學呢？早就拋在腦後了啊！

在過去，有事的孩子不是不存在，而是沒被看見。就像等到兒少保護、性平教育等法規制度逐一建立後，家暴、兒虐、性侵等案件通報量才急速暴增，因爲過去不當一回事的，如今都紛紛浮出檯面。

打不得、碰不能，教育方式的改變代表什麼？

接著談談教育方式吧！過去可以用高壓管教孩子，現在卻得溫柔對待孩子，爲什麼？現在的孩子比較有事嗎？

（一）前面提到，在過去，能留在教育體系中的孩子，多半是身心強壯的人生勝利組，禁得起高壓式教育。但是，這不代表高壓管教就是正確的教育方式。事實上，有許多我們沒發現的孩子，他們在高壓管教下成了犧牲者，並因適應不良，自動（或被迫）離開了校園。

（二）高壓管教並非無法與尊重、包容、同理等柔軟的管教態度並存，許多嚴厲的教師仍能將班級帶得很好。重要的是，在面對班級群體時建立規範明確的威信，面對特殊狀況的孩子能彈性以對，提供協助。如果做不到，所謂的高壓管教，只是顯示出師長的偷懶與無能。

（三）過去在高壓管教下生存良好的人（例如那些看似身心強壯的孩子），長大後真的過得比較好嗎？大部分的狀況是，這些人的思考容易被框架與教條所局限，內心感到無力的同時，表現出來的則多是抱怨、指責與批評，同時安於現狀、不願冒險，亦無視自己的熱情與夢想。想一想，或許這些人還比較有事？

現代的孩子真的很有事

同時，我也得說，現在的孩子確實很有事！

比起上一代，他們更能打破框架、敞開心胸、接納多元，更富創意與冒險精神，更願意關心並參與公共事務……這得拜校園裡越來越多尊重、包容與同理的氛圍所賜。

然而，**比起過去的一代，現在的孩子處於更多的不安與焦慮之中**。世界變化得太快，未來難以預測。社會與經濟體制不斷崩解與重建，人人都有機會受更高品質的教育，求職謀生卻大不易；生涯發展充滿不確定，難以用過去的線性思考看待人生。

身處高度不確定的現代社會，孩子得發展出更大的彈性面對變動，得擁有更強大的勇氣面對內心的不安。然而，許多師長卻仍想沿用過去的思維與方式教育孩子，仍想把孩子塑造成充滿制約思想與內心匱乏的考試機器。

這麼看來，現在的孩子，不有事才怪！

改變世界的力量常來自那些不安現狀且特立獨行的人。
大人該支持孩子勇於展現不同，還是把一根根突起的釘子給敲平？

13 爲什麼孩子越罵越廢？

「每次叫他念書，就一副心不甘情不願的樣子，課業成績一塌糊塗。整天不是看電視，就是玩手機，進了房間便開電腦玩遊戲。他不知道我們當爸媽的有多麼擔心他！」一位母親正一股腦兒地數落就讀國中的孩子。

「你們一定感到很困擾。那麼，你們怎麼做呢？」

「能怎麼辦？只能不斷提醒他啊！好說歹說都不是，軟的硬的都來過，他爸甚至拿棍子修理他，他也不以爲意。我們都快要放棄他了！」她越說越激動。

「眞的辛苦了，我看到你們一直沒有放棄，持續努力著。」我試著讓這位母親感覺到，有人理解他們的付出與努力。

母親滔滔不絕地說著。

夫妻倆長期爲孩子的各種狀況感到相當頭痛，一天到晚跑學校收拾爛攤子。

他們不解，從小給孩子最優渥的學習環境，也奉行勤教嚴管的教養方式，無奈孩子就是不爭氣。

「有沒有哪些時候，孩子其實表現不錯，不太需要你們擔心？」身爲助人工作者，我們常不忘使用一些問句，試圖提醒家長看到孩子的亮點，找出慣常行爲的「例外」。

母親搖搖頭，繼續細數孩子的問題：「我現在看他全身上下都不順眼，沒有一處是可取的。這孩子如果可以一天不要我操心，就謝天謝地了！」

難道沒有任何一些值得讚美或肯定的地方？我不放棄。

「老師，我知道你要說什麼。有好多老師都要我以鼓勵取代責罵，我怎麼做得到？要是他的成績好一點，行爲不要老是脫序，我當然願意讚美他，但他就是天生懶散，毫不在意。」

「更氣人的是，他的脾氣還很衝，講他一句，就回我好幾句，口氣還很差！」母親激動地說著。

影響孩子發展的，是你的信念

許多家長常看自己的孩子全身上下沒一處順眼，甚至會懷疑自己怎麼生出這樣的孩子？

然而，孩子並不是不在意。就是在意，才會頂撞，才會回應。看似對抗的反應，就是青少年典型的行爲模式之一，目的是爲了表現出獨立自主的一面。

我遇過好多家長，他們煞費苦心，望子成龍、望女成鳳，對孩子做的一切都出自於愛。然而他們不知道，這份「愛」，可能帶來反效果。

我曾在許多演講場合和家長分享：「孩子會長成你們心底所相信的樣子。」許多家長一時難以接受：「怎麼可能？我們都期待孩子懂事、成熟且成功啊！」

是的，「期待」是一回事，「相信」又是一回事。如果你想達成一個目標，這是你的期待；但你認為自己是否能達成，這是一種相信，而你相信「這個世界會如何運作的方式」，就是一種信念。

真正影響孩子發展的，往往是信念，而非期待。這就是許多家長在孩子的教養過程中，常感覺到事與願違、力不從心的原因。

當家長不斷數落孩子的缺點、說孩子的不是，表面上是爲了孩子好，恨鐵不成鋼；但內心所呈現出來的，正是一種「我的孩子不夠好，一無是處，所以才需要我不斷提醒」的信念。於是，從這個信念出發所看到的孩子，永遠是不夠好的。

孩子會驗證父母內隱的信念

孩子呢？孩子自幼看著父母的背影長大，望著父母的眼眸長大，因此，很容易內化父母的信念。這種內隱的信念，儘管沒有明說，孩子卻感覺得到，也就是：「父母對我是失望的」或「父母認爲我很糟」。

於是在不知不覺中，孩子會去「驗證」這種信念。

青少年時期，孩子會試著證明自己的能力，但若得不到大人的肯定，長大後，便會開始證明自己的無能。

我們看到許多青少年與父母對立衝突、僵持不下，這是青少年孩子從依賴朝向自主，逐漸想脫離父母的照顧與干涉，同時藉由和父母唱反調，來證明自己有能力獨當一面的方式。**對他們來說，「認可自己是個有能力的人」遠比「當個大人眼中的乖孩子」來得重要**。

而父母卻往往把青少年孩子反抗的行爲，看成一種無能或不尊敬的表現，因此更加嚴格控管；內心則更加相信孩子「確實一無是處」，更不可能給出孩子任何的肯定。

直到最後，大人累了，心想就任由孩子去吧！反正孩子不是個成材的料；孩子則領悟到，再怎麼努力也沒有用，乾脆徹頭徹尾地放棄努力，用無能來證明自己就是大人眼中沒有用的「廢柴」「魯蛇」。

來自心智的偏頗推論

每個孩子都不一樣，但相同的是，他們都不斷在尋求照顧者的認同與肯定。這是一種生存策略，唯有透過這種方式來感受愛，才能擁有活下去的安全感。

每個孩子有著天生資質高下的差異，或是氣質、性格上的差異，然而，**行為是波動的，一個人不可能無時無刻都展現讓人搖頭的行為。重要的是，父母對孩子擁有怎樣的信念，就會用什麼眼光去看他，同時決定了看到的是孩子的優點或缺點。**

我們的心智是個過濾器，依照大腦內建的地圖過濾來自外界的各種訊息。而訊息篩選的依據，就是那些我們認為無庸置疑的信念。

當我們對孩子帶著「我的孩子就是不夠好」的信念時，就會傾向在孩子身上找缺點、翻舊帳，同時放大檢視任何負面的行爲，偶爾出現的好表現，也可能被我們有意無意忽略了。

更可怕的是，我們的心智容易根據內在的信念做出偏頗推論，以證明信念的正確性。例如當孩子小時候的數學成績不夠出色，便推斷孩子沒有數理天分，長大後還是別走和自然科學有關的領域。事實上，這之間並沒有絕對的關聯性存在。

在此同時，孩子也逐漸學到了父母如何看待自己的方式，包括對自己的觀感、狹隘的過濾篩選機制，以及偏頗的推論方式等等。

於是，一天又一天，孩子長得越來越像大人所相信的樣貌。

你無法從口裡說出一個「好孩子」

大人常犯一種錯誤，就是不斷訓誡孩子，要孩子這麼做、那麼做，以為如此孩子就會自動變成大人心目中的理想樣貌。

事實上，你無法光用言語就打造出一個符合期待的孩子。孩子的行爲發展，與成長環境中的重要他人互動息息相關，更重要的是，孩子身旁的大人是否眞心信任孩子有其良善與充滿力量之處。

當孩子表現出來的正向行爲被充分地肯定，就會繼續表現類似的行爲；當孩子的努力從未被看見，而一些不被接受的行爲卻一再被放大檢視，孩子便會不斷展示無能來提醒大人：別忽略我的存在。

我們很少被提醒去看見孩子身上的優點，因爲我們從小到大也是在被指責中長大。你需要刻意練習去欣賞你的孩子、改變你對孩子的信念，如此一來，你將在孩子身上看到不同的樣貌。

從現在開始，有意識地去信任你的孩子吧！

14 爲什麼你無法對孩子放手？

之前遇到一位母親，告訴我她在教養孩子上的困境：

「我兒子從小就過度活潑、不容易專注。國小的成績還可以，上國中後一落千丈。他也毫不在乎，罵他逼他都沒有用。醫生診斷出他有專注力失調及過度活躍症（ADHD），每天都要服藥。可是，吃藥也只是讓他稍微坐得住，成績還是沒起色，毫無學習動力。最近他開始沉迷網路遊戲，回家後就掛在電腦前面，叫也叫不動。」

「從他開始念書，我每天晚上都押著他溫習功課、寫作業，沒有一天缺席。我已經不知道自己還能再做什麼了！」

家裡有情緒行爲障礙的孩子，做父母的無不傷透腦筋。這位母親的痛苦，我可以理解。我問她：「醫生有給妳什麼建議嗎？」

「有啊！醫生說，ＡＤＨＤ的孩子天生專注力不足，本來就比較難坐得住，要給他多一點時間和空間，不要在課業上太逼他，也不要給他太多壓力。」

確實如此，不管是過動兒或任何特殊的孩子，他們不是不能學習，只是需要不同的學習方式和步調，大人需要給予他們更多的空間。

「話是這麼說沒錯，不過……」母親沉思了一會，「他的功課爛成這樣，也太離譜了！我到底該怎麼做，才能讓他知道讀書是很重要的事呢？」

「或許，他不是不知道，只是做不到，乾脆放棄，把心思轉移到更能帶來成就感的事情上。」我說。如果不斷逼一個人去做超出他能力範圍的事，只會讓他對這件事心生厭惡。

孩子本來可以熱愛學習的，我們卻常要求孩子一定得遵照某種方式學習，以達到學習成果。如此下來，勢必有孩子適應欠佳，久了就開始討厭學習，進而痛恨學校，最後拒絕上學或輟學。

「老師，你說的我都明白。我也覺得要一個天生容易分心的人，長時間坐在書桌前盯著書本，是一件相當痛苦的事情，但我就是無法這麼放手隨他去！」

我同情地問她，妳能盯著孩子多久？這很累人，更何況，效果似乎不顯著。

「不只累，煩都煩死了！我時常想，乾脆別管了，兒孫自有兒孫福。父母不放手，孩子如何學習長大？但我就是放不下。」她繼續說：「他爸老是怪我沒把孩子教好，說我是個不盡責的母親！」

我明白了，又是一個獨自承受教養壓力的媽媽。

聊著聊著才知道，孩子是家中盼了好久才出生的男孩，母親承受了生男孩以傳宗接代的壓力。等到兒子出生了，卻出現了注意力不集中或過動等問題。全家人又都把矛頭指向母親，母親爲了證明在家族中的價值，拚了命也要把孩子帶好。

母親越是費盡心思盯著孩子念書，父親越擺出事不關己的態度。孩子的學業表現每況愈下，父親非但沒有對母親伸出援手，反而責怪母親沒盡力、不用心。於是母親累垮了，又被另一半嫌到臭頭，而孩子的狀況也沒有因此獲得改善。

大人如何在教養中解決自己的心理困境

這是一種系統動力的典型呈現。父母雙方各自帶著成長過程中的創傷，或未被滿足的需求，來到新組成的家庭裡。他們在與孩子的互動關係中，投射了自己內心的脆弱與期待，形成了某種功能不佳的互動模式，反覆出現，帶給每個成員困擾，卻也停止不了。

這說明了，許多適當的教養觀念，家長不是不知道，但他們就是做不到。

例如大部分家長都知道，當孩子長大後就要漸漸放手，讓孩子學習獨立自主。然而，知道是一回事，實際上卻很難做到。

那是因為大人們背負著身上原本就有的痛苦，卻得同時面對教育孩子的壓力。也因此，孩子很容易成為父母一方暫時解決其心理困境的工具。此時，孩子的成長與發展，無意識地被父母給犧牲了。這些孩子被稱為IP（identified patient），成了解決家庭問題、維持家庭運作的犧牲者。

孩子的問題不只是孩子的問題

我有許多機會與家長們討論孩子的教養，話題到最後，焦點常落在雙親互動或個人的心理議題上。

談到深處時，不少家長會驚覺，**原來孩子的問題不只是孩子本身的問題，而是雙親間溝通互動的問題，是家庭系統互動現狀的反應，以及家長自身心理困境的影響，而這些心理困境，多半來自原生家庭的成長經驗**。

曾有個父親對我說，當孩子進入青春期，親子之間有越來越多衝突之後，才發現其實孩子衝撞的，是自己長年下來的信念與價值觀。這時，他才有機會重新審視自己的成長過程，是如何形塑起看待世界與自己的方式。

這位父親來自一個氣氛嚴肅的家庭，所有的事都要按照既定的標準程序進行，不容一絲一毫的偏差。這種生活方式的好處，是讓家庭中各種事務的運作有條不紊，也讓人處在凡事操之在己的安心感中。他的成長過程包括求學與工作，都在這種SOP中一一完成。

也因此，孩子隨性不羈的態度總令他火冒三丈。事實上，這也是他的另一半時常抱怨他的地方——過度計畫與掌控一切，缺乏彈性。軍事化的生活方式雖曾爲他帶來諸多好處，卻也使他失去了許多生活中的驚喜與可能性，並常在事情無法一一就緒時深感挫敗。

這位父親把自小形成的生活態度，帶進了新組成的家庭中，並用同樣的思考框架來要求家人，特別是孩子，卻無法理解爲什麼無法適用於孩子身上，甚至爲此與孩子爭執不休。也因爲無休止的衝撞，讓這個無法「按照計畫」教育孩子的父親，有了深刻反思的機會。

做系統中最有彈性的人

所有的改變，都來自對現狀的不滿；而最有彈性的人，往往是最能打破系統現狀、改變系統互動的人。

作爲大人，如果對孩子的現狀不滿，希望變得更好，**應該認真反思，是否有些孩子的問題源於自己；那麼，首先需要改變的是自己，而非孩子。**

尤其是那些我們明明知道「這麼做才正確」，卻又無法做到，並且一再反覆出現的念頭與行為模式，很明顯地透露出，在我們的內心深處，或者與伴侶的關係中，存在著需要好好被檢視、處理的議題。

或許，這時候我們最需要的，是靜下心來向內檢視自己，或與另一半好好討論，甚至尋求專業協助，走上療癒之路。

改變，從自己做起。清楚地意識到我們所背負的包袱，是如何地加諸在婚姻與兒女身上，同時打破舊有的思考與行爲模式，調整自己。

做系統中最有彈性的人吧！改變，從此發生。

千萬別期待你的孩子會先做出改變，因為他只是個孩子；更別奢望你的另一半有一天會懂，因為他的行為模式也已根深柢固。

15 沒有叛逆期的孩子們

一個高一的女孩，就讀當地頗富口碑的高中，令父母相當有面子。一個學期過後，女孩時常上課到一半，就因爲身體不舒服到保健室休息。

一開始是一星期一到兩次，後來天天都要到保健室報到個一、兩節。不舒服的原因有時是頭痛、有時是胸悶、有時是胃痛，有時只是莫名的不適，躺個幾節課就好了。

保健室的護理師眼看這樣不是辦法，導師也發現女孩缺課情形越來越頻繁，於是和家長聯繫，請家長帶去醫院檢查，卻怎樣也查不出病因。

後來，女孩開始請假在家不來學校了。先是一個星期缺課一天，慢慢增加到兩天、三天……當然，原來名列前茅的課業成績，也一落千丈。家長只好帶到醫院身心科就診，醫師研判可能是憂鬱症的前兆，還不需要藥物治療，建議學校安排心理輔導，於是學校的輔導教師開始與女孩接觸。

會談初期，女孩很配合，有問必答，但敏銳的輔導教師知道，很多資訊有說其實等於沒說。在一次談話中，輔導教師拿出蠟筆與圖畫紙讓女孩隨意塗鴉。畫著畫著，女孩的淚水止不住地落下，沾濕了畫紙。畫紙上畫著一個面具，還有燃燒著的火焰。女孩說，她想把這面具給燒掉，她不想再戴著面具過生活了。

原來，多年來，女孩一直在扮演人見人愛的好孩子角色。國中畢業後本想念職校，稍微透露了自己的想法便被父母拒絕，之後就不再提起，順從父母的心意升上了普通高中。高中時延續好孩子的言行，但內心卻因不喜歡高中的課業而痛苦萬分。

這個痛苦不能說出口，因為說了就不是好孩子了，會讓父母擔心，或被認為是偷懶、不努力。不能言說的意圖與情緒，透過了身體病痛表達出來。那不是裝病，是千眞萬確的不舒服；身體的症狀不只是不舒服，而是內在無從發聲的情感的代言人。

這是個因心理因素產生身體變化症狀的典型案例，常與高中階段青少年接觸的教師或心理助人工作者應該都不陌生。故事情節或許有些不同，但問題卻多是類似的。

令人納悶的是，為什麼有意見不能表達？為什麼得當個絕對順從父母的好孩子才行？有話直說、有心事直講，難道不行嗎？

所有的行為背後都有正向意圖；任何身心症狀的持續，背後也都在維持著某種功能。常見的是：父母關係長期緊張，孩子只好用懂事來照顧父母的情緒；父母一方長期遭到另一方暴力以對，孩子用乖巧聽話來支持父母中弱勢的一方，成為情緒伴侶；手足中有人死亡、殘疾或犯罪脫序，孩子用成熟的表現來安慰父母的悲傷與遺憾……在乖巧、順從、懂事與成熟的背後，都是孩子企圖對父母表達愛與忠誠，或是恐懼和父母間那份愛的連結斷裂消逝。

那些不能表達的想法，往往是與父母想法相左的意見；那些不能表現的情感，常常是父母無力承擔的情緒。凡事都不願見到父母反對，凡事都不希望被父母拒絕，當然不能有主見，也不可能叛逆。

叛逆期來得太晚？

過去常處理到孩子向父母吵著要休學的狀況。家長來學校找導師討論，又被導師「請」到輔導處跟我聊。父母常常很納悶，孩子從小到大讀書都不需要師長擔心，怎麼現在卻出狀況了？

我想起每次與家長聯繫時，常會聽到這樣的抱怨：「奇怪，他以前都很聽話的，怎麼現在變這樣？」

家長說：「他之前都很乖的，是不是進入叛逆期了？」又說：「高中才開始叛逆期，會不會來得太晚了？」這些話都讓我啼笑皆非。

「叛逆期」只是一種青少年時期常見現象的描述，指的是孩子正從依賴走向獨立、從順從走向自主，與父母不再總是同調，而出現更多了自我主張。孩子用各種離經叛道或不易被接受的方式，試圖掌握人生的主導權，因而與父母之間出現緊張甚至衝突的互動關係。

這段時期的青少年在大腦與身體發育上歷經極大的變化，心理上又急於證明自己已經長大，衝動、易怒，火爆的脾氣與言行，常讓大人感到似乎是爲反對而反對，於是把這種種的現象統稱爲「叛逆」。

然而，這是再正常不過的了！從人類身心發展的角度來看，所謂叛逆，其實就是一種「長大」的過程。

因爲，人終究要走向獨立，終究得發展出自己的世界觀，找到人生意義，以及追尋夢想。

孩子不是變壞，只是需要我們幫忙

許多家長很得意，自己的孩子在國中時沒有經歷「叛逆」的階段，認爲是前世燒好香，甚至沾沾自喜，卻不知道，眞正的風暴還沒來臨。而當孩子過幾年後突然出了狀況，往往是無預警的，便讓做父母的措手不及，也完全摸不著頭緒。

「我的孩子怎麼變懶了、擺爛了？」

「這小孩變壞了，以前不是這樣子的！」

家長們通常都急於找出原因，但言語間卻透露著難以接受孩子變成如此陌生的面貌。我告訴家長：「他們不是變懶、變壞了，而是遇到困難了，需要我們幫忙。」

在心理工作的實務經驗中，那些從小到大就很乖順、各方面都不需大人操心的好學生，其實可能只是個未爆彈，沒在高中階段爆開，也會在大學甚至就業之後炸裂，就像前面的案例一樣。

放手讓孩子叛逆吧！

說穿了，當孩子一路乖到底，一直都沒變，該叛逆沒叛逆，該有自己的獨立想法卻都「爸媽說了算」，該自己做決定時卻總是順從父母的安排時，多年的經驗告訴我，不但不要高興得太早，這種情形反而值得我們擔憂與正視。

做父母的永遠要體認到，終究有一天，孩子會開始與父母爭奪人生大小事的主

導權。這不但是孩子成長過程中自然與必經的歷程，也是作為父母需要面對的人生功課。好好度過這一關，彼此都能有所學習與成長，未來的關係也將更能彼此支持、相互滋養。

處於叛逆風暴中的孩子，正在向父母宣示自己已經長大，因而出現了失控的情緒。父母要懂得逐漸放手，支持孩子的獨立思考，同時用溫柔與堅定的話語，幫助孩子易失控的言行踩煞車。

如果孩子到了青春期尾巴，仍然唯父母命是從，沒展現出任何對立反抗的言行，可千萬別抱著孩子是來報恩的心態而感動不已。你得好好檢視家庭關係中，究竟是什麼讓孩子失去了表達的機會，沒辦法在心理上眞正長大，以致一直扮演著那不被允許叛逆的乖孩子。

孩子終究有一天會開始與父母爭奪人生大小事的主導權。這是孩子成長過程中自然與必經的歷程，也是作為父母需面對的人生功課。

16 冷漠的大人與疏離的孩子

小如因爲受到班上同學孤立、排擠，而被轉介到我這裡會談。小如文靜、寡言，說起發生在自己身上的事總是輕描淡寫，但眼眶中打轉的淚水，透露出她因爲缺乏人際歸屬，內心感到的孤寂和沮喪。

被排擠的情形越發嚴重，我找來小如的父母討論如何幫助孩子。我認爲，此刻父母多一些關懷，可以強化小如的人際支持，讓她能暫時獲得力量度過難關。

小如的父母溫和友善，看起來樸實有禮。父親告訴我：「我們也發現她悶悶不樂好一陣子了，好像發生了一些事，但不知道問題這麼嚴重。」

「你們有詢問她狀況嗎？」我問。

「呃……事實上，沒有。我們沒有問她。」

「爲什麼？不是已經發現她不對勁了嗎？」

「老師，不瞞您說，如果不是學校通知，我們其實不知道她在學校被同學排擠，所以也沒機會跟她討論。」父親說完，母親接著說：「對啊！畢竟，她都沒跟我們提過這些事啊！」

我叮嚀，請父母這陣子多關心孩子的情緒狀態，給予必要的支持。父母告訴我：「好的，今天回去，我們會和她討論看看。」

第二天，我與小如會談，詢問她昨晚與父母的互動。小如說：「沒有，我們什麼也沒有談。」

我很訝異，發生這麼嚴重的事情，父母的態度竟然如此冷漠。我進一步問：「他們過去也是如此嗎？都沒有或很少主動問妳生活或學校中的事？」

「老師，其實他們很尊重我。從小到大，我想做什麼、學什麼、升學讀哪裡，他們都不干涉，只要我決定了，就會支持。比起其他同學，我應該算很幸福了吧。」

我可以想像在一個對孩子相當尊重的教養環境下，孩子應該是感到溫暖被支持的。一般華人家庭的家長往往對孩子是過度操控，容易引發孩子反感，甚至對立衝突。小如的家長實屬難得。

「那麼，妳也沒有主動向他們提起目前遇到的困境嗎？」

「沒有……」，孩子低下頭，她說：「我不想跟他們講，講了也沒用。事實上，我早就習慣不和他們分享心事了，遇到困難我也總是自己面對、自己解決。反正他們沒問，我就不提了。」

我想起前一天與家長會談時，家長對於沒有和孩子討論目前遭同學排擠的事，不斷地說：「可是，她都不說啊！她沒說，我們也不知道她發生困難，需要幫助。」又說：「我們也觀察到她的異狀，但她沒主動提，我們也不好直接找她談，怕讓她覺得有壓力。」

缺少溫暖關懷的空洞支持

這是一個矛盾的親子互動型態。父母的教養態度是完全尊重孩子，也相信孩子能獨立自主地面對日常生活中的大小事務，因而不太過問孩子生活中發生的事，只讓孩子知道，無論如何，父母都尊重與支持孩子的決定。

另一方面，孩子在父母的信任下，確實能自發處理各種問題，不依賴父母，也不需父母操心。但長久下來，孩子也變得不再向父母分享心事，甚至遇到困難，也是獨力承擔，不習慣告知父母。

「我不知道，如果我說了，他們是否會懂我的感受？我想，他們只會說，他們支持我、尊重我的決定，之類的話吧……」**小如的這番話，透露出對父母的矛盾情感。一方面知道自己確實受到父母的信任與支持；另一方面，似乎感受不到父母在信任與支持背後的溫暖關懷。**

貧乏的情感經驗導致人際疏離

小如的父母在談起小如遭遇的困境時，看起來總是溫和冷靜，沒有太大的情緒起伏。對於學校老師的協助與安排，也全力配合並表達感謝。然而，他們似乎不太知道如何靠近自己的孩子，除了表達尊重與支持外，缺少了與孩子內心的情感交流，也難以建立起愛的連結。

久而久之，孩子習慣了這樣的家庭互動模式，不善於向父母表達情感，也不讓父母參與自己的生活。不知不覺中，小如也複製了父母的情感表達方式，總是在人前表現出溫和而冷靜的態度，在同儕間給人一種距離感，甚至被解讀為做作、矯情或冷漠。

於是，在家庭中少了一份與父母之間的情感連結，在學校裡也無法成功與同儕建立友誼，小如漸漸成了班上的邊緣人，永遠無法滿足在人際歸屬感的渴求。

尊重之外仍需建立起穩固的情感連結

在孩子逐漸長大的過程中，我們希望父母學會放手，亦即，開始以尊重的態度，支持孩子爲自己做決定，並爲自己的決定負責。這是培養孩子走向獨立自主的必要過程。但有時候，孩子只能感受到父母的尊重，卻感覺不到關愛。

有些家長誤解了尊重的意涵。**尊重並非只是對孩子表現出絕對的信任與支持，就完全放心地讓孩子獨自面對自己的人生課題。親子之間還有一個更重要的任務：建立起穩固的情感連結。**

穩固的情感連連結是孩子有能力往前走的力量來源，也是遭遇困頓、挫折時，療傷止痛的最佳良方。表達尊重與支持，卻缺乏情感連結，孩子在獨立面對人生的各種挑戰時，會覺得少了一份力量，有時甚至會覺得並未得到父母重視。

參與孩子關心的議題

如何在對孩子表達尊重的同時，又保持高品質的情感連結呢？

父母要學習參與孩子關心的議題。參與的方式有幾種，家長可視時間、能力以及情境，選擇不同的表現方式：

（一）用「言談」的方式參與：

細膩觀察孩子的身心狀態，主動和孩子討論他感興趣的話題，或者主動關心孩子可能遇到的困境。傾聽之外也表達理解，可以提供一些建議與觀點，但不強迫孩子接受。此時，同理心的回應是創造情感連結最好的橋梁。

（二）用「一起做點事情」的方式參與：

在孩子不排斥的狀況下，一起從事孩子感興趣的事，例如一起閱讀孩子喜歡的書籍，觀賞孩子喜歡的電影或電視節目，從事孩子喜歡的休閒活動；當孩子遇到困境時，一同商討解決之道。請務必記得，千萬不要邊參與邊批評，否則很快就會被孩子列爲拒絕往來戶。

（三）用「提供資源」的方式參與：

有些事情不容易在言談間討論或一同進行，此時可以選擇默默觀察，適時提供一些孩子可能用得上的資源。例如在孩子的桌上放一本好書，或者解決問題可能需要用的物品。一些貼心的舉動，也能表達理解、創造連結。

身爲尊重子女的家長，是可以做到既「參與孩子關心的議題」，同時又「不過度涉入」。只要拿捏好界線，就能讓孩子感到被尊重且支持，進而獲得因情感連結而生的力量。

穩固的情感連結是孩子有能力往前走的力量來源，也是遭遇困頓、挫折時，療傷止痛的最佳良方。

Part Ⅲ

在關係中 帶給孩子更多的力量

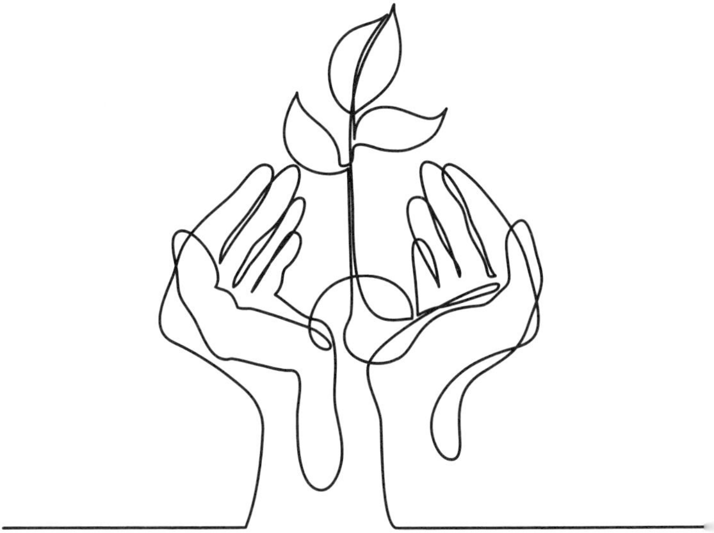

知道有人理解，有人懂，
是一份人與人之間的連結，
本身就是力量的來源。

17 老師，你願意相信我嗎？

「老師，你願意相信我嗎？」孩子回頭看了我一眼，這麼問我。我永遠不會忘記那雙恐懼又無助的雙眼。

她是一個長期遭受身體與精神虐待的孩子。事情發生在幾年前。有一天，幾位同學鬼鬼祟祟地來到我面前，問我有沒有空聊一下。他們告訴我，班上有個女同學在家裡被母親打得很嚴重。

「老師，是她親口告訴我們的，我們還看到胸口的傷疤，很噁心！」同學們你一言、我一語地說。

「爲什麼她會告訴你們？」我問道。他們說：「她來學校臉很臭，我們問她怎麼了，她就開始哭，後來全都跟我們說了。」

「對了！她還說，不可以告訴學校老師！」同學們用嚴肅的口吻說著：「她說，如果被老師知道，回去會被打得更慘。國中時就曾經這樣……」

我的眉頭一皺，發現案情並不單純……

謝謝這些如天使般的孩子們，即使被託付要保守祕密，仍然知道事情的嚴重性，前來告訴我，顯然希望我可以幫幫她。我琢磨著該怎麼處理，心想事不宜遲，立刻把她找過來。

「老師，沒有啦！我是跟他們開玩笑的。眞的沒有這件事！」

儘管我的態度和善，孩子仍然矢口否認。這很正常，保險起見，我通報了社會處，請社工來一趟，看看她的傷口。

這是典型的兒少保護事件，爲了提供兒童及青少年最完善與最即時的協助，學校、社政、警政、醫療及法律等單位需要密切聯繫與合作。教育人員在知道孩子有受家暴、兒童虐待、性侵害或涉及犯罪等情狀時，必須在第一時間通報相關單位，除了法律規定外，也是幫助或保護兒童及青少年避免繼續暴露在風險情境中的一種積極保護機制。

處理兒少保護案件很辛苦，除了繁瑣的行政流程外，還得東奔西跑聯繫各種資源，每一步都得小心翼翼，一時間若多來幾個類似案件，眞的會讓人心力耗竭。

孩子告訴社工，胸口的傷是自己不小心撞到的。

當天晚上，社工到她家進行家庭訪問。隔天，社工告訴我，孩子與父母口徑一致，都說沒發生這件事。就這樣，本案不了了之。

過了半年，某班導師來找我，表示從班上同學得知，有個學生在家被打得很慘。又是她！我再度把她找來。孩子戴著口罩，顯然臉上有傷。

又像上次一樣，這孩子仍說沒事，臉上的傷是自己跌倒擦傷的，是師長多慮了。我再度啓動社政系統介入，社工幾次家訪後，也沒能找到著力點。這件事又在此作罷。

之後，孩子不願意再來輔導處了。我苦思著該怎麼做，無能爲力下，我寫了封信給她：

「我知道，一定曾經發生過什麼事，妳也很希望有人可以幫助妳。只是，妳有著許多擔心、害怕，我可以理解。不過，在這個節骨眼上，只有妳可以幫助妳自己。只有妳願意，才可能獲得幫助。請妳好好想一想，需要我時，我隨時在這裡等著。」

半年後，就在我幾乎快要淡忘這件事時，孩子突然出現了，她是自己踏進門的。就在我正納悶的時候，她與其他前來求助的同學一樣，怯生生地說出第一句話：「老師，可以和你聊一下嗎？」

「我媽媽精神狀況不佳，平時管我非常嚴，晚幾分鐘到家，就會被她毒打。有幾次很誇張，把我的頭抓去撞牆，還曾經拿高跟鞋的鞋跟猛打我的胸口。我媽說，她在縣政府有認識的人，誰去通報都沒有用……」

孩子邊哭邊發抖，但仍強忍著難過把話清楚地說出來。

「所以，前兩次同學說的，是眞實發生過的囉？」我想確認。「對！是眞的。對不起，我沒有說實話……」她低下頭，眼淚仍不斷滴落。

「妳希望我怎麼幫妳？」我問。她抬起頭，用堅定的眼神看著我說：「老師，我無法繼續待在這個家了，請讓社工把我帶走。」她崩潰大哭：「我不要再回家了、我不要再回家了……」

當天下午，社工直接帶她去驗傷、報案，然後緊急安置到寄宿家庭。在我確認當晚她暫時可以不用回到那令她熟悉又恐懼的家時，我叮嚀她：「好好照顧自己！」

她背起書包，在社工的陪同下，準備前往寄宿家庭。

我看著她走出社會處的大門，這孩子回頭看了我一眼，開口說：「老師，你眞的願意相信我嗎？」

我微笑著，用力點點頭。「快去吧！」我說，同時向她揮手道別。她緊繃的神情逐漸放鬆，嘴角綻放出我從未見過的笑容。

離開前，我聽到她與社工之間的對話。「妳已經高三了，會繼續升學嗎？」社工問她。「會呀！而且我想念社工系，」她說：「我想幫助那些像我一樣遭遇的人。」

是一再欺瞞，還是一再試探？

每次遇到這類家暴或兒少保護事件的個案，當輔導教師的總是忙得人仰馬翻。當初我為了這孩子的事東奔西走，白忙了兩次都無功而返；不只是我，社會處的社工比我更辛苦。這下子孩子想通了，希望我幫忙。那麼，我之前到底在幹嘛？

也或許，前兩次她都看在眼裡。她只是想知道，眼前這位號稱能幫上忙的人，是否真的願意為她做點什麼；她想看看，這個人在處理時，是否足夠謹慎到讓她不再繼續受傷害。**或許，對她而言，她身旁沒有任何一個人是足以信任的了，所以，她必須一次又一次地試探。畢竟，她的處境是如此的危險。**

所有行為的背後必有正向意圖

當她問我，是否願意相信她時，我揣測著她為什麼要問我這句話，也認真地問我自己，我的答案是什麼？

當然！我當然相信她，不然我在這裡做什麼？即使她矇騙了我兩次，讓我白忙兩場，我仍然願意相信她。

我知道，我相信她的，不是她有做什麼、沒做什麼；或者她說的是眞話、還是假話。**我相信她的，是不論她做了什麼、說了什麼、決定什麼，內在都必然有著一份善意與正向的動機——這是不容質疑的。**

這份相信，是一種選擇。我選擇相信，人們所有行為的背後都有著正向意圖，不是想使自己更好，就是想保護自己免於傷害。

許多人會質疑，有些人的一些具破壞性的行爲，包括暴力攻擊、酗酒吸毒、成癮行爲或自殘，甚至自殺，背後也有著正向意圖嗎？

是的，所有被保留下來一再重複的行爲模式，都是個體在因應外在環境變化或壓力時的生存策略。**當人們處在極度痛苦或威脅之中，那些看似負面的行為模式，卻能在某種程度帶給個體強大的保護力量。**雖然也可能帶來其他的問題，但行爲本身（包括情緒反應在內）總是沒有錯的。

而對於一個長期處於虐待威脅家庭環境中的孩子而言，每天必須帶著恐懼生活，戰戰兢兢於不知何時會遭受一頓毒打或責罵。周遭的一切，沒有任何對象足以令她信任。即使她知道學校老師可以幫助她，但內心深處面對大人的不安，也讓她一再地打退堂鼓，同時一次又一次地用試探的方式對自己信心喊話。

長出超越傷痛的力量

當我聽到，這孩子未來想成爲一位助人者時，我的內心是欣慰的。我知道，大人的這份眞誠信任，爲孩子帶來了支持。**孩子經歷了被幫助的經驗，已經發展出對人的信任，也願意將這份信任，傳遞給社會上有需要的人。**另外，她也因爲新的人際互動經驗，對自己的未來感到有希望，希望則帶來力量。孩子因爲自身的遭遇，選擇將力量放在未來改善與她相同遭遇的孩子的處境上。

許多生命中曾遭遇困頓的人，在接受過心理協助後，常會期許自己若有機會也要成爲一位助人者，透過幫助別人展現自己的力量。然而，**受傷的心靈是需要時間療癒的，通常還有許多困境需要面對，並有許多功課要學習，尤其是回頭處理與原生家庭的關係。**

因此，別太心急。給自己更多的時間學習面對自己、連結自己、覺察自己與整理自己。有一天，當你準備好的時候，就能展現強大的力量，成爲讓世界變得更美好的人。

孩子經歷了被幫助的經驗，會發展出對人的信任，

並願意將這份信任，傳遞給社會上有需要的人。

18 成爲他人身邊穩定而堅強的存在

曾有許多家長請託，要我代爲説服孩子聽從他們的意見。我總是回應：「我可以跟孩子談談，並轉達你們的期待。我會試著理解孩子的想法，但我不會幫你説服孩子。這是你與孩子之間的事，你才是最懂孩子的人，你必須自己與孩子溝通。」

當然，在說這些話之前，我會給家長足夠的同理心回應。

也曾有孩子要求我，代爲向周遭的大人表達他們的困境，期望透過我的口，去替他們向大人們爭取些什麼。我常會進一步問：「是什麼讓你無法自己向大人開口呢？」

孩子說：「他們不願意聽我說。」

我說：「你怎麼知道？你試過嗎？」

孩子說：「過去一向是如此啊！這次也不可能會成功。」

顯見孩子有著習得性無助感，我說：「當他們不願意聽你說時，你的感受是什麼？無力、挫敗、生氣還是沮喪？」這是用提問進行同理心的回應，目的是與孩子的情感連結。

孩子說：「都有，尤其是很生氣。」

我說：「生氣什麼呢？或者，生誰的氣？」

孩子說：「氣他們都不聽我說，每次都是這樣！」

我說：「想必感到很洩氣吧，對嗎？」我停頓一下，觀察孩子的情緒變化，繼續說：「我看到，即使很生氣、很無力，你仍然不放棄跟他們溝通、表達你的想法，你是如何願意堅持下去的？你又是如何看待這個『願意堅持』的你？」

此刻，我正在引導孩子看見他的內在有著不放棄的企圖，他需要去見證自己身上擁有的資源。

最後，我會告訴孩子：「這是你的課題，你得自己去面對。若由我幫你代言，效果不見得會更好。你一直沒有放棄，我們可以討論看看，如何向大人表達你的期待；或者，當你被拒絕時，還可以怎麼因應。」

「簡快身心積極療法」的創始者李中瑩老師曾說，**一個成熟的人，是有能力照顧自己與照顧他人的人**。

我認為，照顧他人，不是凡事親力親為，或總要代替他人做決定及解決問題；而是有力量承接起他人的不安，並提供支持。

在此同時，照顧自己更是相形重要。**能夠照顧自己的人，是懂得將自己與他人的責任區隔開來，給予協助但不過度涉入他人的議題中，也就是阿德勒心理學中提到的「課題分離」**。

想解決問題，更想安頓內心的慌亂

我時常遇到心急又無力的家長詢問各種問題，像是：

「孩子嚴重沉迷網路遊戲，該怎麼辦？」

「孩子對學習充滿挫敗想要休學，該怎幫助他？」

「孩子已經好幾個月不和我們講話了，該怎麼辦？」

「我希望孩子能就讀某領域，該怎麼跟他溝通？」

「孩子很沒自信，在學校不受歡迎，該怎麼做才好？」

家長的詢問都有個共通點，他們常期待我能給出一個立刻見效的答案，幫助他們解決問題。然而，每個問題都有複雜的成因，也都是關係中各方長久互動下來的結果，很少會有立竿見影的速成藥方。

即使我提供了具體的建議，往往也被打回票。他們會說：「老師，你說的我知道，可是……」也就是，我的建議，很難被這些心急如焚的家長接受。

然而，如果我一直將焦點放在他們的困境，以及思索如何提供他們解決方法，肯定會陷入膠著。到頭來，家長仍感無力，我也挫敗不已。

因此，每當焦慮不已的家長前來諮詢，他們問「怎麼辦？我該怎麼做？」時，說真的，大多數的情況下我是幫不上忙的。於是我開始思索，除了立即改善的方法外，他們真正想要的是什麼？

仔細觀察後會發現，家長除了想尋求解決之道外，眼中也在尋找一份可以安頓內心的依靠。

同樣地，每當慌亂的老師前來訴說，對自己班上同學束手無策時，我知道我也無法提供什麼高見。然而，我發現，老師們要的，往往不是由你告訴他們該怎麼做，畢竟，該做的他們都做了，有時候只是需要讓他們失調的情緒有釋放的空間，重新找回繼續前進的力量。

眞正的助人，是能承接情緒並給出力量

身爲一位在校園裡服務的助人者，我的工作就是幫助他人解決生活上的困境。究竟，面對這些內心失序的靈魂，我能做什麼？**我永遠謹記「簡快身心積極療法」帶給我的啓發，其中一個重要的原則是：永遠帶給對方更多的力量，而不是拿走對方身上的力量**。

事實上，我們常急於告訴對方怎麼做來解決問題，反而讓對方感受到自身的無能，因為，我們不經意中把自己放到比對方還要高的位置上了；此刻，我們正在削減對方身上的力量。

相反地，當我們能夠只是靜下來，溫和而穩定地聆聽，以帶有同理心的詞語回應對方，便與對方產生了連結。

「知道有人懂我」，這是一份人與人之間的連結，本身就是力量的來源。

身爲專業的助人者，我們面對的，有時候是困擾中的案主，有時候則是案主身邊的重要他人。不論是誰，都有一個共通點，就是被眼前的困境卡住而感到內在無力，需要重新找回力量面對問題。

有的情況是，家長為了孩子感到疲憊不堪，把這份痛苦傳遞給導師；導師在一番努力過後也無能為力時，來到我身邊，把這份來自於孩子、家長和自己的壓力，一股腦兒地拋給我。

也有些家長的情況是，孩子在學校狀況頻傳，一天到晚被老師打電話告狀。老師把其班級經營與課業要求的壓力放到家長身上，家長再帶著這份沉重的壓力，轉而向我求援。

於是，我所接收到的，往往是層層累加之後的負擔。他們常說：「你是專家，請告訴我，該怎麼辦？」

所謂的專家，有時候並不代表比第一線面對問題的人員有更多的辦法。即使有些可提供參考的對策，但眼前失神倉皇的生命，也不一定聽得進去——他們需要的是被理解與支持。

於是，眞正的專家身上需要帶有一股強大的力量，才能夠承接或包容那些累加的壓力；也就是，**即便暫時沒有更高明的做法，但也能頂得住無形的壓力，讓陷入困境中的人覺得放心、有安全感，進而堅強地回應他們所身處的困境。**

體驗那份如同在父母身旁的堅實安全感

當我們還是孩子時，一邊探索世界，一邊回頭尋找父母的臉。我們渴望父母永遠在我們身旁，當與父母的眼神交會時，我們就感到安心。

長大之後，我們仍然有著一顆玻璃心，渴望身邊有個讓我們安心的人，帶給我們安全感。即使在成爲孩子的父母或師長之後，也是如此。

然而，即使我是個助人者，我提供你支持，也不代表我需要為你的人生負責；屬於你的責任，仍須由你去扛起。我只提供你一個安全與放心的空間，讓你能爲自己找到更多力量，以及選擇並嘗試更多解決困境的方法。

你的無力我能理解，我願陪著你面對這份無力，直到你的內在逐漸萌生力量——

即使現在沒有最好的辦法。

當你有著孩子般的玻璃心時，你能在我身上找到一份如父母般堅實的安全感，而有能力面對自己的課題，在這個充滿未知的世界中，繼續冒險。

願我們都能長成一位成熟的大人，成爲一個他人身邊穩定而堅強的存在，有能力照顧他人，更不忘記先照顧好自己。

永遠帶給對方更多的力量，而不是拿走對方身上的力量。

19 改變，一次一點點就好

「那麼，你接下來有什麼計畫？」我問。學生沉默了一會兒，接著說：「我想我應該改變我的讀書時間安排方式，像是回家後先寫作業，然後複習明天要考的科目，接著去洗澡……」

學生嚥了一下口水，繼續說：「然後我上課要養成抄筆記的習慣，免得回家不清楚老師說了什麼。像是數學，如果上課聽不懂……」

我等學生一股腦兒地敘述完他「搶救成績大作戰」的計畫後，笑著問他：「我感受到你強烈想改變的決心，那麼，你要先從哪一步做起？」

學生愣住了。我解釋：「再好的計畫，都要有一個開頭。著手的第一步，通常是你有把握、現在就可以做到的，而且比較容易堅持下去的行動。」

即使和孩子談得順利，也別高興得太早

我長期在校園裡推動學習輔導與諮商，幫助孩子提升課業成就，在學習上能獲得更多的成功、更少的失敗。

過程中，最怕遇到的是毫無學習動機的學生，就是那種完全放棄學習、對成績表現毫不在意的人。他們通常是由師長轉介，或焦慮的父母前來求救。往往師長感到困擾，輔導教師也很無奈；若喚不起學生的學習意願，怎麼談、談多久都沒有用。

而有另一群學生，他們有著追求課業成就的意願，但持續使用無效的學習策略，因此在課業上倍感挫敗。有的是讀書意志堅定，像拚命三郎似地念書，但效果不彰；有的則是怎樣都沒有辦法把心思好好地放在讀書上，但他們對自己的課業表現仍感到焦慮不已。

在學習議題的會談中，對於有意願提升學習成就的學生，在引導他們檢視自己如何使用各面向的讀書策略後，通常可以發現學習困擾的癥結所在；同時，進一步幫

助他們看見自己其實擁有更多的選擇，也就是可以透過採用新的學習策略，有效提升學習效果，而非永遠處在坐困愁城的窘境中。此時，學生會燃起想改善課業表現的動力，開始企圖做點什麼來嘗試並展現新的學習行為。

若會談能走到這種程度，是我們十分樂見的。此時，賓主盡歡，孩子們帶著滿滿的希望走出會談室，眼神散發著光芒，彷彿人生就此煥然一新。然而，有經驗的輔導人員都知道，別高興得太早。

在改變的起點就迷失方向

正如「人生不如意事，十常八九」一般，十次中總有八、九次，在下一回的會談中，孩子們會帶著沮喪與挫敗的心情回到會談室，告訴你這一個星期中，他什麼都沒改變。

這到底是怎麼一回事？原本困擾中的孩子，不是已經清楚覺知自己的問題癥結所在，並且也知道有更多的方法可供選擇；接下來，只要採行新的學習策略就行了，爲何會毫無進展？

原因很可能出在，我們沒有幫助孩子找到改變行為的起點。

人是矛盾的動物，內心的痛苦有時或許來自於選擇太少或沒有選擇，有時卻也可能是選擇太多，不知如何選擇，於是在改變的起點就迷失了方向。

過多的學習策略，反而造成難以抉擇

在學習議題上，影響課業成就的好壞，來自於各種因素的交錯互動，包括認知訊息處理、動機／情感、學習任務、讀書環境、時間的規畫與安排、求助技巧與求助資源等等。若能彈性、適切地在各種因素上使用相關策略，就能有助於課業學習成效的提升。

好的學習者能在各領域的學習策略上運籌帷幄、靈活分配心智資源，並且適度地加入更多策略來因應新的課業挑戰。就像馬戲團中轉盤子的表演一樣，熟練的表演者可以在同一時間讓許多盤子在不同的棍子上保持旋轉，甚至逐一加入新的盤子，輕鬆自如。

然而，剛從學習困境中獲得新希望的學習者突然發現，竟然有這麼多面向的讀書學習策略可以採用，而每一種策略似乎都有幫助時，心裡會想：「我究竟該先採用哪些學習策略呢？」**太多的選項一時之間淹沒了學習者對課業學習的狹隘觀念，太多的選項反而成了新的困擾。**

學習策略的使用缺陷

還有一些急於改變的學習者，同一時間使用太多新的策略，在學習與生活習慣上做出過多或太大幅度的調整。第一天總是信心滿滿，但接下來，壓力與疲憊相繼而至，當承受不住時，乾脆全盤放棄，改變又回到了原點（難以理解嗎？想想瘦身的經驗就知道了）。

前面提到，在學習策略的相關研究上，有著「學習策略的使用缺陷」說法。發展心理學家派翠西亞．米勒（Patricia H. Miller）提到，許多學習者在過程中試行新的學習策略，最後卻放棄了，他們不但沒有從新策略中獲益，還走回原來的老路。

米勒解釋，使用新的學習策略目的原是爲了增進效率，但因爲新學習策略的採行往往在開始時耗神費力，在心智資源的大量使用下，不但沒有節省到時間精力，反而讓學習者備感辛苦耗時，若再加上學習表現不如預期，便很容易又回頭使用原來熟悉的學習策略。

從另一方面來看，**當人們在面對困境時，會一再地使用無效的舊方法，若不是不知道新的方法，就是舊的方法可以帶來難以取代的好處**。學生在面對課業挑戰時，常一再使用無用的學習策略，原因往往是新策略無法立竿見影，老策略儘管效果不彰，但因可能曾帶來輝煌的戰績，所以會對老方法抱持著「還有效果」的希望。

微調就好——找到改變的起點

一旦我們知道人們在面對改變時的「慣性」，在與孩子討論課業學習議題時，就得引導孩子找到一個改變學習行爲的起點。而這個起點，正是當孩子採行新學習策略時，**從簡單、容易達成之處著手，最好不要和原來的學習行為有太大差異，也就是「微調」就好**。

於是，我會問學生：「你的改善成績計畫內容相當龐大，其中有哪件事，是你今天就可以做得到，不會讓你感到太困難，而且有把握會持續做下去的？」

學生說：「早點睡吧！這樣第二天才不會精神不濟，上課聽不懂，造成溫習功課的困難，於是惡性循環。」「很好，那麼，你原來幾點睡？現在打算提早到幾點就寢？」**我試著引導他將目標變得更具體、可觀察的。若他的目標設定與原先的行為模式差異太大，我會請他重新思考。**

接著我會問：「你會做些什麼，幫助自己做到提早上床睡覺？」我試著引導學生，更細緻具體地去思索如何落實行動計畫。**當他能完整說出具體實踐步驟時，表示行動計畫已經在腦袋裡被預演了一遍，並被檢視是否有問題，這將增加新行為在當天就被成功實踐的可能性。**

一切都是從小小的改變開始

千萬別小看這如此微小的改變起點，正如「焦點解決短期心理治療」（SFBT）中常說的：**「小小的改變會引發大大的改變」**；全國SUPER教師得主王政忠老師也說：**「改變一旦發生，就會一直發生。」**

我們期待看到孩子在採行新學習策略的過程中，能夠引發漣漪效應，由一個點的改變，帶動線與面的全面不同，而非最後因窒礙難行而退回原點。

成功經驗的累積形成了回饋機制，帶來自我效能感的提升。由此，孩子將更相信自己有能力達成更複雜的學習策略。

讓一個一個的微小改變，逐步建立起孩子的學習自信。

20 你是否不曾好好聽孩子把話說完？

讀國中時，有陣子被分配到打掃學校的室外球場。球場旁有幾棵樹齡頗高的老樹，春夏時枝葉繁茂，甚是好看。

不過秋冬交替時，可就苦了我們這群打掃的學生。一陣風吹來，樹上的枯葉紛紛落下，好不容易打掃完，很快地，球場上又是一片樹葉海。

掃地時間結束時，外掃區的指導老師會前來檢查。記得好幾次，當我們賣力掃完球場的落葉，請老師來看時，好巧不巧，正好一陣風吹來，球場上瞬間被打回原形。

「搞什麼鬼？掃了十幾分鐘，原來都在鬼混！」

指導老師見到球場上滿地的落葉，生氣地說。同時，伸手指著我的鼻子：

「你說，你們到底有沒有好好掃？」

我是外掃區的組長，試圖向老師解釋：「……這裡的風很大，掃好了又有葉子落下來……」

「哪有這種事？不認眞就不認眞，還怪風大！」老師沒聽我把話說完，便大聲斥責：「留下來給我掃乾淨，下次再這樣，我就告訴你們導師，第一個懲處你！」

於是，我們一群人繼續在外掃區打掃了一陣子。回到課堂，下一節課已經開始十五分鐘了。

「上課鐘都打多久了，怎麼這麼晚才進來？」任課老師氣沖沖地瞪著我們。

我試著告訴他剛剛發生的事，才剛開口，就被打斷：「別說了！掃不完是你們的事，以後我的課都不准遲到！」

在學生時代，常有類似的情境——試圖向師長解釋自己的處境，話沒說完，就被制止，接著是連珠砲似的一陣斥責。我的功課還算不錯，大多時候會受到老師「禮遇」，其他同學則是連爲自己說話的機會都沒有。

先要你說，卻又不讓你說

大人很奇怪，總是先要你說，接著又立刻制止你，不想聽你說。

大人：「你說，爲什麼會這樣？」

孩子：「……」

大人：「好了，別再說了，沒那回事！」

這樣的對話，在成長過程中，一再地出現在各種情境中。我想，這與我逐漸長大後出現莫名的「權威恐懼症」，可能有些關係。

每當需要向陌生的長輩、上級或長官表達觀點或提出要求時，內心的恐懼便油然而生。開口前，我總要在內心反覆演練多次，發言時，又常說得匆促結巴，事後則懊悔沒能表達清楚。

或許，**在我內心深處有著「我沒有資格對長輩表達自己的立場」，或者「我一定會說出被長輩批判的蠢話」諸如此類的設想**。於是，在對方還沒回應我的言論前，我就先否定自己了。

直到後來，我才知道，也有很多人跟我一樣。

聽人說完話，眞有那麼難？

我們都不喜歡自己說話時突然被打斷，然而，好好地聆聽對方說完話，眞的有那麼難嗎？

試想開會時，你需要當衆宣布事情。你羅列了幾個重點，才開口沒幾句，就被同事打斷。有人問問題，要你補充說明；有人質疑你、否定你；更有人馬上給你建議，告訴你怎麼做會更好……

你心情挫敗地想著：「急什麼？只要聽我說完，你們的疑問都不再是疑問了啊！」

不論是分享、討論、談判、聊天或交換意見，只要有人不懂得傾聽，對話常會流於你一言、我一語，缺乏效率，最後讓每個人都疲憊不堪。

當心中有話想表達，而無法暢所欲言時，內心的感受往往是委屈、挫敗且無力的。特別是，這些話語，需要鼓起十足的勇氣，在腦中盤旋演練許久後才說得出口。

久了，我們累了，即使你想聽，我們也不想說了。多說無益，何需再談？

是不曾聽他說，還是不想聽他說？

在校園與青少年孩子工作多年，我知道，學校很少會因爲雞毛蒜皮的小事，要求家長到校。而一些家長在孩子遇到重大問題，被學校通知到校會談時，常常驚訝地表示：「怎麼會這樣？我們都不曾聽他說過！」

孩子遇到困境時，家長竟是最後一個才知道?!內心的挫敗感可想而知。問題是，孩子爲什麼不願意在遭遇困擾的第一時間就讓父母知道？

常在會談中聽孩子說：「說了也沒用，反正他們也不當一回事！」或者「說了只會被罵，還不如自己忍下來！」

到頭來，形成了父母與孩子雙輸的局面。孩子很挫敗，因爲不被理解；父母也很挫敗，後悔沒能好好理解自己的孩子。

身爲大人，我們得反省，爲什麼孩子不願意跟我們說話？不願意談談自己的想法？不願意表達自己？

是不是在許多時候，我們沒有好好地聽他們把話說完，認眞理解他們想表達的想法？於是孩子學習到，向大人說出自己內心的想法是沒有用的，還可能會受到斥責、批評與否定。

從不被傾聽的孩子，成爲無法傾聽的大人

如果，我們不允許孩子充分地表達自己，不讓孩子有被充分理解的機會，忽略了孩子也有被充分尊重的需求時，我們又如何期待他們長大之後，能好好地傾聽別人說

話，在對話中展現尊重、友善的一面？

孩子還小時，由於處在權力不對等的位置下，難以充分表達自己，長大後，一旦自覺可以與別人平起平坐，便會迫不及待地一直表達自己想說的，難以靜下心來聽完別人的話。**因為，他們學到的大人姿態，就是這個樣子**。

環顧四周，在我們的身邊，是否總是存在著老愛打斷別人，搶著取得發言權的大人呢？

光是傾聽，就能帶來力量

不要怪孩子什麼都不對我們說，也不要怪孩子見到我們總是沉默以對。想一想，在孩子還很小的時候，當他興致高昂地分享生活瑣事時，我們是否曾認眞地傾聽他在說什麼？當他感到委屈對我們訴說時，我們是否曾給他完整陳述的機會？

光是傾聽，就能帶來力量！眞正的傾聽，不只是聽見孩子說了什麼，還得表現出專注的神情；除了聽孩子的表達內容，更要去接收孩子的肢體、表情、語調、神色與情感等來自非言語的訊息，才能獲得充分的資訊去理解孩子處境，並做出適切的回應。而在這個過程中，我們得忍住內心想要給出建議或評論的念頭，就只是聽，認真地聽孩子說話就好。

靜下來，好好地、認真地聽完孩子想說的話。**讓他們感覺到你重視、願意理解他們，彼此的內心就能連上線，深刻的交流就展開了**。在一段關係中，再也沒有什麼比此刻更值得珍惜的了。

改善關係的溝通技巧有千百種，
第一步，就從好好聽對方把話說完開始吧！

21「微諮商」的力量

還記得大學剛畢業，到一所國中教育實習時，我的導師實習被分配在國一。班上有個瘦小、膚色黝黑的男同學小奇，調皮得不得了。

每次上課不是屁股長蟲坐不住，不然就是嘴巴不動會發瘋，弄得任課老師常在上課上到一半時，忍不住拉高嗓音抓狂怒罵到下課。

「小奇，請你坐好！」一開始，我總是和顏悅色、溫和堅定地要求。

「小奇，拜託你不要說話好嗎？」接著，我有點失去耐性了……

「小奇，你聽不懂我說的話嗎？」我意識到我正提高音調，瀕臨失控邊緣……

「講不聽就是講不聽，快被他氣死了！」這是每個任課老師最常出現的抱怨。小奇不僅會干擾上課秩序，也常缺交作業，而且做事不負責；但如果老師講幾句重話，他又會委屈地哭出來。

有天中午，我前往教室看同學們午休，看到小奇在走廊罰站，寫著未完成的作業。我看他手上的筆一動也不動，無聊至極似地望著天空發呆，眼神空洞。突然間，我靈光一閃，走過去拍拍他：「小奇，我們去走走！」

我帶著小奇繞著校園散步，與小奇閒聊他的家庭生活。第一次認眞傾聽小奇訴說自己的故事，才知道他有著令人難以置信的成長背景。說到難過處，小奇忍不住眼眶泛紅。

二十分鐘後，我們走回教室。小奇望著我：「老師，你不可以把這些跟別人說喔！」我點點頭。他擦擦眼淚，再度露出常見的調皮又帶點狡猾的笑容，一溜煙地跑進了教室。

隔天再到班上上課時，小奇一如往常地鬧到我情緒瀕臨失控，再度破口大罵。但這次我知道，我內心裡對小奇的態度不同了；而我也感受到，小奇雖然被我罵了，但他看著我的眼神也不同了。我們之間出現了一股神奇的默契，只有彼此才能心領神會。

有別於正式心理諮商的「微諮商」

許多老師都有這種經驗，與學生短暫的閒聊，卻常有著神奇的「會心」感受。這就是「微諮商」的力量。

正式的心理諮商重視一定的會談結構與主題，需要有充足的時間與固定時段，而且最好在布置得看起來滿厲害的專業地點進行。個案知道自己是來接受協助，而輔導人員則扮演協助他人的專家角色，助人關係明顯而清楚。

而這裡提到的「微諮商」，則是一種短時間、非正式的生活會談，接近國內學者林清文教授提到的「會心談話」。**老師與學生在課餘時間聊個兩、三句，學生分享日常生活中的心情點滴，老師則傾聽並簡單回應。不需在固定的時段，也沒有話題的限制，在任何時間、空間中都能進行，相當彈性；而且，沒有誰是專家、誰來求助的角色分野。**

短暫的片刻、簡短的談話，就足以讓雙方的關係更進一步，兩顆心的距離也更加接近。

各種「微諮商」的進行方式

我曾在網路上寫了一篇〈你有聽過「微諮商」嗎？〉的文章，引起身旁好友們熱情迴響。朋友們多半在學校裡擔任輔導教師，他們驚喜地分享，**原來他們每天都透過各種形式進行著「微諮商」。而「微諮商」這個名詞，也讓他們與學生間短暫卻真誠的互動，著實有了個具意義的「名分」**。

他們說，有的同學喜歡固定在某節下課出現在輔導室外的走廊，與輔導老師隔著窗子分享心事，這叫「窗邊會談」；有的同學喜歡捧著午餐去找輔導老師「喇賽」，邊評論今日菜色，邊大談生活點滴，這叫「午餐會談」；更有擔任導師的朋友說，每天透過聯絡簿與孩子們筆談，細細回應孩子們分享的每一句心情小語，簡短卻深刻。

而我的學生，特別是輔導處的志工或輔導股長們，則喜歡在午休時來輔導處找我「抽卡」。我的桌上放著一副名爲「自信法則」的卡片，每張卡片上都寫著讀來讓人更有正向力量的話語，被我稱爲「永遠不會抽到鬼牌」的卡片。孩子邊抽卡，邊和我分享今天的考試、班上奇聞、師長糗事、家裡狀況，以及最近的煩惱等等；我則是放下手邊的工作（或餐具），專注聽他們分享，不多發問也不做分析，頂多同理個幾句，更多的是鼓勵與讚美。

我知道，「抽卡」只是個幌子，重要的是那分享生活點滴的短暫時刻，足以讓孩子們疲憊的一天再度充滿能量，重新出發。

「微諮商」的大成效

「微諮商」看似隨興，在諮商專業上或許難登大雅之堂，但在學校教育與輔導現場卻有著不可被漠視的功能。**教育或輔導是一種人影響人的過程，任何長輩要對孩子發揮影響力，擁有高品質的關係是第一步，也是最關鍵的一步。**

對年紀較大的孩子而言，平等、尊重且值得信賴的關係，更是他們內心重視的。然而，好的關係不會憑空而降，而是來自生活中每個高品質互動片刻的點滴累積。**「微諮商」是生活中隨機出現、短暫但深刻的師生交流，能一磚一瓦地為正向的師生**

關係奠定穩固根基。

學校裡有位導師在新學期剛接高一新班級，每天中午會帶著班上的一位同學到輔導處來，借用一個會談空間，與學生在裡面聊個半小時。導師從班級幹部開始談，半個學期後，班上每位同學都至少與導師會談過一次了。我知道有許多導師會分組與同學共進午餐（稱做午餐約會），但一個一個談的倒是第一次見到。

這位導師告訴我：「別小看午休時間的個別簡短談話，半個學期後我就能清楚掌握每個學生的家庭背景、學校適應狀況、對自己的期待，以及未來的目標等等。」

我想，更重要的是，高品質的師生關係就此建立起來了。導師願意犧牲午休關懷學生，學生則能感受到被重視與被理解，對於導師的觀感不再是深不可測，取而代之的是信任、溫暖與親切。當學生遇到困境時，知道導師是可以求助的對象，就像有心事可以向好朋友訴說一樣的自然。

學期末，這位導師興奮地告訴我，前半學期的付出有了成效。這學期的班級經營相當順利，儘管學生偶爾出點小狀況，但沒有任何一位學生被記過處分，這是相當罕見的紀錄！

我看到了一位充滿熱忱的教師，主動創造與學生會心交流的機會，一點一滴地建立起與孩子之間的信任關係，而在日後的教學與班級經營上事半功倍，這就是「微諮商」小兵立大功的地方。

值得一提的是，這位導師的點滴付出終究被看見，受學校推薦獲選一〇五年度彰化縣SUPER教師獎殊榮，其班級經營經驗，至今仍是許多老師爭相取經的模範。

是因爲「信任」，而非「專業」

校園中的心理助人工作也一樣，雖說正式的心理諮商有其不可取代的專業地位，也是一位輔導教師發揮專業功能的主要利器，**但心理諮商發揮成效的前提是，學生能意識到自己的困境，主動願意進入正式的諮商關係中，諮商工作才有可能順利進展。**

我們都知道，心理諮商是一種人影響人的歷程，諮商關係當然也是諮商得以發揮功能的關鍵。但高品質的諮商關係不可能在第一次會談中就建立起來，特別是在中小學的實務場域更是如此。

青少年孩子想找你談，是因為他信任你、喜歡你，認為你可以像朋友般讓他放心，而不是你有多專業、諮商技巧多厲害。在中小學，多的是被轉介前來的非自願個案，若在尚未建立起足夠的信任關係前，就強制他們進入心理諮商中，只會讓彼此都挫敗不已。

這時，正是「微諮商」這個祕密武器派上用場的時刻！**主動創造與學生「微諮商」的機會：在校園裡有計畫的「偶遇」；趁著請學生幫忙做事時聊上幾句；寫個小卡片給學生傳遞勉勵與祝福……**

要建立親和而信任的關係，有賴關係中的雙方，在生活中一次又一次的相遇片刻，創造高品質的互動。「微諮商」短暫、不拘形式，卻深刻真誠的互動，正是累積關係資本的最佳途徑。

進行「微諮商」時，不需展現高明的諮商技術，你要做的只是帶著一顆絕對真誠的心，保持自然專注，以及配合些許的同理與正向回應，如此就好。

珍視每個與孩子會心相遇的當下，「微諮商」的力量就此展現。

22 助人工作者一定得「做點什麼」嗎？

敬元是我還是一個心理助人領域的菜鳥時，所接觸到的一個學生。他有著相當戲劇性的人格特質，任何人與他接觸都會被刺傷；他的家庭背景混亂，也有著相當曲折離奇的故事。

導師幾次轉介要我協助，但我與他接觸下來挫敗連連，之後索性每隔一段時間，就找他來關心一下，死馬當活馬醫，能做多少算多少，後來當然還是沒能進入他的內心世界。

敬元偶爾也會來找我，但多是在抱怨別人的不是，要我去處理別人。最後再丟下一句話：「我看你們輔導老師也沒多厲害！」

高三下學期，敬元在四技二專統一入學測驗結束後隔天，主動來找我：「我想我準備好要接受輔導了，我想要改變，請您幫助我。」

我很訝異。

他接著說：「其實我一直很痛苦，而我觀察您三年了，我相信您有能力幫助我。」

原來，我一直被監控著啊！

我說：「可是，這可能需要很長一段時間的深入談話喔！」

「我知道，快要畢業了。如果您不介意的話，我願意畢業後仍然每週回來找您會談，直到暑假結束。」

我的下巴差點掉下來。過去，每次與他的互動都是挫敗的，能做的也頂多是傾聽、同理與摘要回應；而今，孩子卻展現了極大的改變意願。我反思著，我到底做了什麼，讓他願意走上改變之路？而今，我也眞正可以對他「做點什麼」了嗎？

如果沒有「做點什麼」，還算是專業的助人過程嗎？

每次到了教師甄試的季節，常會接到許多同領域學弟妹的求救電話，他們不約而同地提到了類似的疑惑：「考諮商演練時，在十分鐘的時間內，應該怎麼做？」

我的答案通常是：傾聽、摘要、同理與肯定，同時盡可能透過系統地發問，以蒐集資料，作為諮商演練後口試時個案概念化的素材。

他們通常會接著問：「難道我不需要做些什麼特別的，讓考官可以立刻看到一些效果嗎？」或者是，「如果只是傾聽、同理，我好像沒有做到什麼事……？」

這幾年督導一些實習諮商師進行個別諮商，也總有幾位新手助人者會疑惑地問我：「我覺得我和個案談了好多次，每次都只有傾聽、同理和摘要對方所說的，似乎一直在閒聊，我想做點什麼，卻不得其門而入，這樣算是在諮商嗎？」

他們口中所謂的「做點什麼」，指的大概是一些有理論基礎的治療技術，例如：完形的空椅法、現實治療的WDEP、REBT中的非理性信念的修正等等，藉由這些方式，讓個案有更明顯的改變。

而至於他們的疑問：在會談過程中，如果只是傾聽、同理與摘要，而沒有「做點什麼」，還算是專業的助人過程嗎？我認爲答案是肯定的。**其實心理助人的過程並沒有一定的樣貌，只要會談的形式或內容有所本，而非流於漫談或閒聊，都稱得上專業的輔導諮商。**

沒有改變意願的個案族群，難有介入空間

但更核心的問題應該是，為什麼在會談過程中，助人者沒有機會「做點什麼」？我想，這和助人者接觸的個案族群有關。

在學校裡從事心理助人工作，我們所面對的青少年個案中，主動前來求助者少，大多是透過篩選被找來晤談，或是由導師、教官轉介，少數則是父母打電話來請學校輔導人員協助「矯正」孩子的偏差行爲。**換句話說，他們都不是自願求助的個案，當然很難對他們「做點什麼」**。

許多孩子看似合作，會定期過來談話，但話題始終圍繞在生活中的瑣事，進不了其內心深處，更別說產生任何的改變。爲什麼會如此？**因為他們不覺得需要改變、不覺得改變對他們而言是重要的。**

「改變是你們大人說的，我就姑且來談，看你們能把我改變成什麼樣子？」曾有個孩子這樣對我說。

個案改變的三個先決條件

輔導與諮商的方法是民主體制的展現，強調的是「自我決定、自我負責」。於是，心理助人要有成效，便奠基在幾個先決條件上：

（一）助人者與個案之間要存在良好關係：

也就是說，個案能充分信任助人者，感受到自己被理解，並相信助人者有能力幫助自己。

（二）個案要有主動改變的意願：

個案知道自己正面臨困擾，需要改變現狀，而且也希望脫離困境，讓自己的生活有所不同，如此助人者才有施展助人技巧的空間。而人往往都是在痛苦到極點的時候，才會有求助的意願。

（三）個案要有足夠程度的心理能量：

改變需要蓄積一定的能量，許多人嘴巴說著想改變，卻心有餘而力不足，或者正處在習得無助感之下。如此的話，改變仍然不會發生。

回顧我們在學校裡服務的個案，有多少人符合上述三個改變的先決條件？我想是鳳毛麟角吧！然而，難道我們就可以把這些毫無改變條件，卻已被評估有心理危機的個案統統請回嗎？當然不是。

三年的等待，具足改變的條件

回到敬元的故事。回顧三年來與他的互動，**儘管每次會談中，與他的關係都是緊張的，但我仍堅持傾聽、摘要和同理，甚至多方鼓勵及肯定。或許就是這樣，點點滴滴地累積起良好助人關係的資本**。而良好的關係，是生活中每個片刻的高品質互動，所逐漸建立起來的。

敬元知道自己是痛苦的，他能覺察到自己正在受苦，只是總認爲是別人的問題，自己不需做出任何調整；就算知道自己或許應該改變，也認爲怎麼做都沒有用。而在高三畢業前夕，隨著學校課程與統測大考的結束，他有更多的時間思索與處理自己的問題，也有了較多的心理能量。於是，他才來找我，並要求畢業後繼續固定會談直到暑假。

在這個案例中，敬元需要花三年的時間去觀察，以對助人者產生信任感，並逐漸蓄積起改變的心理能量，進而踏上改變之路，而眞正的冒險之旅也才要展開。由此來看，我們在面對非自願求助的個案時，非得要立刻「做點什麼」才行嗎？

改變的時機未到，想「做點什麼」常是緣木求魚

我們所接觸的青少年孩子，有著很年輕的生命。一些個案在生命中的創傷，讓他們開始出現危機警訊，逐漸影響學業與人際關係等生活各層面。大人擔心，若不積極處理，對未來可能產生更深的負面影響；但孩子並未到痛苦難耐的地步，認爲還可以撐，因此即使大人想幫忙，也常會吃閉門羹。

有許多年輕時即出現心理困擾的個案，都要等到成年後，工作、婚姻或家庭生活出現嚴重危機時，才會意識到不主動求助、尋求改變是不行的。

有另一類孩子，在生命正該璀璨閃耀、綻放光彩的同時，卻罹患了精神疾病。嚴重的精神症狀徹底摧毀了個人的心理能量，幾乎到了只能仰賴藥物而無法接受諮商的地步。此時，即便他們心裡想著要改變，也充滿無力感。

每次參加一些價格「貴傷傷」工作坊，看著台上的大師在短時間內成功地表演治療現場個案，聽現場個案訴說自己經歷著神奇改變的體驗，當下的我們只能對大師的功力佩服得五體投地。

然而仔細想想，除了大師的功力深厚外，個案能夠快速改變的原因，還在於那些在現場自願上臺接受治療的觀衆，往往已經對大師有著相當的信任度（來自於對專業權威的信任），同時有著強烈、夠堅決的改變意願（很多人參加工作坊是想療癒自己長年的痛苦），以及足夠的心理能量（心理能量不足可能會躲在家裡，而無法來參加工作坊）。

最基本的會談技巧，正是讓改變的條件加速具足的力量

回到諮商輔導的實務現場，與青少年孩子晤談時，我們無法期待他們來到我們面前時就具備了改變的條件。**這些條件往往需要時間醞釀，而一等可能就是好幾年，直到孩子畢業後說不定還未具足。然而，我們持續地在會談中的傾聽、摘要、同理或正向回應，都可能加速這段醞釀的過程。**

身為實務工作者，如果真心誠意且系統化地進行傾聽、摘要、同理與正向回應，一次又一次，即使沒有展現什麼「厲害的招式」，這些最基本的會談技巧，本身就已是在「做點什麼」了！

23 在眞實的生活中了解自己——心理測驗的迷思

曾經有幾個高三學生跑來我面前，問我有沒有可以幫助了解自我的心理測驗，例如知道未來適合做什麼職業，或是檢測自己的個性等等。

「這三年來，學校不是幫你們做過好幾個心理測驗？老師都有到班上向你們說明結果，還記得吧?!」

孩子們搔搔頭，一副沒發生過這回事的樣子。我試著幫助他們恢復記憶，舉了幾個曾經做過的心理測驗。我說：「你們考試太多了，忘記曾經做過哪些心理測驗沒關係，至少記得我有去班上跟你們胡說八道吧！」每一次心理測驗結果出來後，我都會安排時間去班上，向同學們說明分數的意義及測驗結果的運用。

「啊！對對對！老師你太好笑了，害我們都忘記做了什麼心理測驗了！哈哈哈……」幾個孩子發出鈴鐺般的笑聲。

都怪我在課堂上講太多笑話，被學生當成諧星了。

話鋒一轉，其中一位孩子說：「唉唷！老師，之前做的那些又不準！有沒有別的可以做？」

「爲什麼覺得不準呢？」我好奇地問。

「像是人格測驗，我明明就不是那種個性，做出來卻是那樣，怎麼會準？」另一位同學也接著說：「對啊！還有興趣測驗，我覺得我應該不是這種興趣類型吧！」

任何心理測驗確實都有誤差存在，但透過標準化程序編製而成的心理測驗，有一定的準確度，只要運用得當，在學生的自我探索上具有相當的參考價值。

我想了一下，回答：「那麼，你們應該不需要再做其他的心理測驗了！」

「爲什麼？」幾個孩子異口同聲地大叫。

「你們都可以說得出不準的地方，很清楚自己的實際狀況與測驗結果的差異，表示你們對自己已十分了解，何必還需要用其他心理測驗再驗證一次呢？」

孩子們面面相覷，沒話說了。我接著說：「你們太高估心理測驗的能耐了，把它當成很厲害的東西，好像燈塔一樣，在茫茫大海中幫你指點明路；又把它當算命一般，好像算出來如何，你的命運就要照著走。」

心理測驗是在評量我們對自己了解的程度

現在的國高中學校都會爲學生安排各種心理測驗，目的在幫助學生了解自己的學習潛能、人格特質、興趣或職涯發展方向。

心理測驗的實施具有評估、診斷、篩選、分類及自我了解等功能。在校園中對學生普遍實施的心理測驗，大部分都是作爲自我探索的用途。透過標準化的心理測驗，孩子們能增加對自己在各方面的了解，掌握自己的優勢與潛能，藉以規畫人生。

不過，如果過度依賴心理測驗，則可能造成標籤化效應，使孩子們失去彈性，而不願再繼續探索或發現其他的可能性。

事實上，心理測驗的結果只是一種參考。對已經足夠了解自己的人來說，是一種佐證；對不夠了解自己的人來說，則是一種新的發現，接著還是得靠自己在生活中的觀察來比對，印證是否眞如測驗結果所說的那樣。

如果說學校的考試，是在測驗你對書本知識的理解程度；那麼心理測驗，則是在測驗你對自己的理解程度。

想要更真切地自我了解，最好的途徑就是在每日生活中做自我觀察。觀察自己面對人、事、物時特定的行為模式，尤其是因應困難時，自己一貫的反應型態。特別在人際關係中，是最能看到自己眞實面貌的時機。

在人際關係中，觀察我們對問題的因應模式

我想起一個有趣的對話經驗。三個孩子來找我談，他們告訴我，他們和班上某同學從高一起就是黏在一起的好朋友，但那位同學最近的風評很不好，班上同學都看她

不順眼，沒想到最後他們三個也遭受池魚之殃，天下烏鴉一般黑，連帶受到其他同學的冷言冷語。

聽完孩子們你一言、我一語的抱怨後，我看了看他們，說：「我知道你們感到很無辜，你們來找我，就是希望情況能有改善。告訴我，你們期待什麼？」

三個人靜默了一會兒。A同學先說：「我希望班上同學不要再這樣說我們了！」

「如果是這樣，你們可以試著回應、解釋，但是嘴巴長在他們臉上，要怎麼說，你們也控制不了吧？」我這麼說。

B同學接著說：「我覺得，還是遠離那個人好了，跟他劃清界限，用行動讓別人知道我們不是一夥兒的。反正我也沒有很喜歡他……」

我點點頭，然後看向一直默默不語的C同學，示意他說點話。C同學緩緩地開口：「我覺得，別理他們就好了，我不會很在意他們說什麼啦！愛說就說，對我來講也沒差！」

三個人遇到相同的狀況，似乎有同樣的困擾，但是內心的期待都不同，連帶著因應問題的方式也不同。

在人際關係中，最能看出一個人的眞實性格。**面對同樣的困境，不同的人有著不同的反應模式，呈現出來的是一個人獨特的內在思維，這些和從小到大的成長經驗息息相關**。

我們通常在真實的人際互動中認識自己，越是挫敗的人際經驗，越能引發我們去覺察自己、反思自己究竟怎麼了。越往深處探，甚至越能看見自己內心的恐懼、憂慮、嫉妒、憤怒、無助、自卑或高傲。

所以，走進人群，敞開心，你往往能獲得最眞實的回饋。不論是由他人直接告訴你，還是來自內心的聲音，都能幫助你更認識自己。接著，你會更懂得調整自己，做個靈活有彈性的人。

唯有親身體驗，才會知道是否眞的適合自己

孩子們會極度渴望認識自己的時機，常是在面臨轉科、選組或塡寫大學科系等生

涯決定時。由於不夠認識自己，又期待將自己放到一個符合個人興趣與潛力的環境或領域中，因此亟欲尋找一些客觀的數據，來幫助自己做決定。

而很多時候，儘管心理測驗的結果擺在眼前，孩子仍然下不了決定。事實上，**究竟哪些學術或工作領域適合我們，確實是難以預測的，大多數情況下還是得透過實際接觸該領域的人、事、物之後，才可能找到答案**。

因此，我常鼓勵還沒面臨生涯抉擇壓力的孩子，積極透過參與各領域課外活動或大量閱讀，以實際的體驗來增加對自己的了解。而對於那些抉擇已迫在眉睫卻仍感茫然的孩子，我則鼓勵他們，如果對某些領域不是太感排斥，就去試試看吧！

唯有在真實世界中嘗試過後才會知道結果，適合自己的就繼續，不適合的大不了換跑道，追求理想人生，永遠不嫌晚。

光憑心理測驗結果來定義是危險的

心理測驗的結果提供我們一些文字或數字，來描述個人的心理潛質；透過文字與數字的表述，我們有了思索自我的通道，而不會對自己的行為模式掌握不清。然而，**文字與數字是有局限的，盡信這些「標籤」，反而限縮了我們探索自身更多可能性的空間**。

一個不願在生活中自我觀察、反思，而光憑任何心理測驗結果來定義自己的人是危險的。心理測驗幫助我們看到更深層的自己，但不代表我們要全盤相信，它只是引發我們更深入的思考。**最終，你還是得拋下這些文字描述，敞開你的心，從實際生活中去認識這個不斷變動的你**。

在每日生活中進行自我觀察，從人際交往中認識更真實的自己。

24 剛剛好的陪伴

她是社工系大三學生，高中時期在我這裡接受長期的諮商輔導。她畢業後，我們斷斷續續有些聯繫。前陣子，她寫了封e-mail給我，告訴我她準備到社福機構實習，正在撰寫實習計畫，希望我幫她看一下草稿。

我點開電子檔，從她的自傳讀起。

「從小，我出生在一個家暴的家庭，自有記憶以來就時常目睹父親酗酒後對母親施暴，我生活在恐懼之中。青少年時期的我，憤世嫉俗，用叛逆來偽裝堅強。我讓母親失望，愛玩晚歸，結交狐群狗黨，又在愛情中一次次地受傷。我痛恨我的原生家庭，我曾在手腕上割下一道又一道的傷痕，希望身體的痛能蓋過心裡的傷。」

「後來，父親酗酒、吸毒、入獄，接著過世，母親獨自撐起家庭經濟重擔。

我仍然不喜歡回家，即使高中功課壓力龐大，我把所有課餘的時間拿去打工，弄到身體不堪負荷，頻頻生病……」

讀到這裡，我回想起，孩子當時因爲失戀，疑似與好姊妹一同去喝酒澆愁，還向朋友透露想死的念頭，被師長轉介到我這裡。

第一次與她碰面時，她談起受傷的感情，放聲大哭；只是，外表仍顯剛硬，她好強地向我打包票：「放心，我沒那麼傻，不會自殺的！」

後來，她成了輔導處的常客，總是主動前來要求談話。同時，她也加入了輔導志工的行列，協助學弟妹課業學習。

高三，四技二專統一入學測驗考完後，學校所有的課程都結束了，距離畢業還有一段時間。她三不五時到輔導處幫忙，打雜、跑腿、聊天、講笑話，有她在的日子，辦公室顯得特別熱鬧。她說很喜歡輔導處的氛圍，實際上，她一直在觀察我們這些從事助人服務的師長，究竟在做些什麼。

我繼續讀信：「高中時，我遇到了人生的貴人——我的輔導老師。一開始，我有點討厭他，但後來，在他的開導之下，我變得樂觀積極，也能體會母親的辛勞；在他的影響下，我不再埋怨自己的出身，反而想投入助人的行列。於是，我高中畢業後，選擇就讀社工系。」

什麼？人生的貴人！

我試圖回想，在與她相處的兩年多時光，我到底對她做了些什麼？何德何能成爲她生命中的貴人？

而令我感到驚恐的是，即使我們非常熟，互動頻繁，我對她的家庭背景與成長經歷竟一無所知，甚至也不曾注意過她手上的割痕。直到她畢業三年後的此刻，才在電腦前讀到她眼中不堪的過往。

的確，在晤談中，她總是對自己的家庭與成長經歷輕描淡寫地帶過，而我也沒特別深入探問。我從來沒有和她深談過家庭議題，也從來沒有要她體諒母親、樂觀積極。

以這個角度來看，我根本不算是個稱職的心理助人者。所以「貴人」，究竟是怎麼一回事？

當時，她還在高中校園。我記得，幸運之神似乎總不願站在她那一邊。四技二專統一入學測驗的兩天，她適逢生理期，抱著極度不適的身體進考場，結果當然是一塌糊塗。

考完後第二天，她衝到我這裡，自己搬了張凳子，在辦公桌的角落挪了個空間，趴在桌上啜泣起來。她只是一直哭、一直哭，什麼都不講。

「因爲考試不理想，覺得很難過嗎？」我試著問。她趴著點點頭，仍然一直哭泣。

「妳想聊聊嗎？」我再問，她趴著搖搖頭。

「好，那想聊聊的話再跟我說。」我在她身邊放了一包衛生紙，轉頭繼續做我的事情。

大約半小時後，她抬起頭，擦擦眼淚，站起身來。我轉過頭看著她：「現在感覺如何？」「嗯！好多了！」她說。我問她是否想談談，她帶著淺淺的微笑說不用，就離開輔導處了。

這是她自我療傷的儀式。好幾次遇到重大打擊，她都來到我的座位，搬張凳子，把我擠開，趴著放聲哭泣一會兒。她不需要我對她說什麼，不需要任何互動，似乎只要找個安全的地方，有人陪著就好。當她離開時，我知道她仍然傷心，但似乎找到了一些力量，足以繼續往前走。

而我，除了放包衛生紙，什麼都沒做。

後來，她告訴我，她當時需要的就只是這樣。她感謝我的尊重，以及沒有強迫她非得開口談些什麼。

這是我從個案身上學到重要的一課：「提供當下個案最需要的協助就好。」

這是一份對另一個生命的尊重：相信一個人自有其堅強與韌性。當事人本身最清楚自己當下的狀態與需求，自有一套因應困境與自我修復的方式。

我知道，她的內心仍有重重的傷口需要處理——或許是她與原生家庭的關係，或許是她在親密情感中一再重蹈的行為模式，以及其他足以影響她一生發展的種種議題……都有待她自己進一步探究，踏上療癒之路。

但是，並不急著現在就要帶著她剖開陳年傷口、清除壞死組織。

帶著傷，我們仍有力量往前走。我們一直都是如此，不是嗎？

也許有那麼一天，當她感覺足夠強壯，也準備好了，又或者在某些契機之下，她覺知到那些過去的創傷隱隱影響著自己的思考、情感與行爲模式時，她就會走向療癒之路。屆時，將會有另一位人生中的貴人出現，我只要放心地交棒即可。

我寫完這篇文章之後，傳給這孩子看，請她給我一點回應。她回應的文字激勵了我，讓我了解我對她所做的事，在什麼地方幫助了她。我想起存在主義心理治療大師歐文·亞隆（Irvin O. Yalom）在《日漸親近：心理治療師與作家的交換筆記》（*Everyday Gets a Little Closer: A Twice-Told Therapy*）一書中，提到他與一位作家病人，透過書寫核對療效的經過。

以下是孩子讀了文章後給我的回應。在徵得她的同意，並經過適當改寫她的故事後，我將文章連同她的回應，發表並分享給需要的人：

的確，我是一個極度沒有安全感的人。

起初我一點都不想被看懂，也不想被理解，覺得這世上根本沒有一個人可以完全地了解另一個人，而事實上，我連自己究竟想要什麼，也無從得知。

但其實，我想要的只是一份陪伴。

一個小小的願望一直在我的心中，始終無法實現。小時候我們姊弟倆，眼睜睜地看著父母上演武打劇場景，卻沒有導演會喊卡，沒有父母疼愛的我們，常常有一餐沒一餐地窩在角落吃泡麵。

直到我遇見你，我開始覺得眼前這個人給了一份所謂的安全感，尊重我的方式，包容我所有的情緒，好似一位父親（讀到大學才懂，原來這是一種「情感轉移」）。

也因爲這份尊重及包容，幾次晤談中，我覺得自己在慢慢轉變，不管心態上、還是行爲上，開始想爲自己負責，即便你沒做什麼，卻還是成爲我生命中的貴人。

也許因爲曾受過傷，在療傷的過程中，讓我更確定了想助人的心，因此選擇「社工系」。懵懵懂懂的我進到這個場子裡，從頭開始吸收新知，學習新的知識，也常常利用空閒時擔任志工，接觸不同領域的人。

最讓我印象深刻的是一個我陪伴了快一年的女孩子。過程中，我好像看見了以往的自己——一個把自己關在心裡、不願與人親近的孩子。好幾次我想靠近她，卻覺得離她好遠好遠，我不知道我可以爲她做些什麼，讓她快樂起來。

我想起高中時期的我，也常擠在你辦公桌的角落，坐在板凳上一語不發，只是靜靜地流著淚。

女孩喜歡盪鞦韆，我每次家訪時，都會和她一起去附近公園玩鞦韆，靜靜地陪著她。她想說時我才聽，不刻意地問，我想這就是你教會我的「尊重」。我絕不是最完美的社工，但我絕對是最佳的陪伴員，我總是這麼鼓勵自己，保有我那想助人的初衷。

大學三年裡，學習了各種不同領域，內心對於目睹兒（目睹家庭暴力兒童）、受暴婦女仍多了一份心疼，因此實習時，我選擇的機構爲「保護服務科」。我不知道幸運之神這次會不會選擇站在我這邊，但我已經可以大聲地說：「我準備好了！」

我很開心，有個人能這麼懂我，並把我的過往寫成故事。我一直相信，是人影響人的過程讓人願意改變，相信我的故事可以讓人與人更靠近一點；希望能打中你的內心，並且得到一些撫慰。

相信生命的堅強與韌性，提供他們需要的幫助就好。

Part IV

那些從孩子身上學到的事

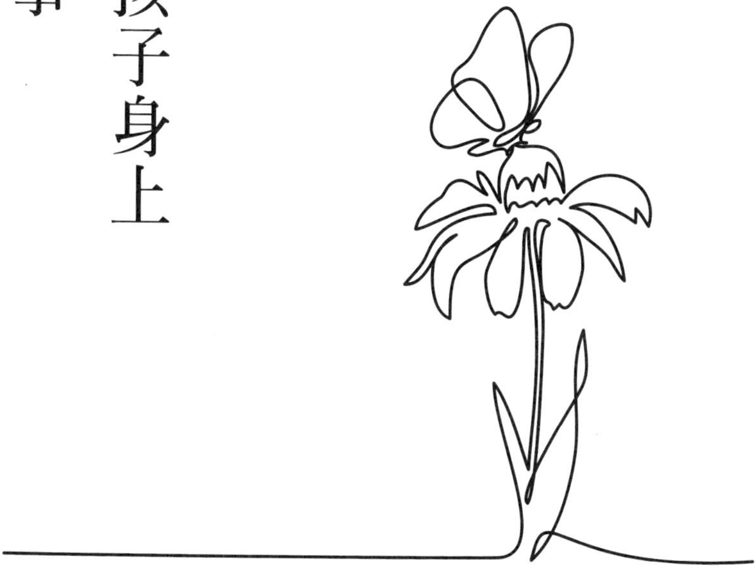

大人也曾是受傷的孩子。
謝謝你們，
讓我們開始正視那些
在成長過程中所受的傷，
讓它們不再傳遞下去。

25 是幫助孩子，還是幫助你自己？

學期末，陸續與一些長期個案進行結案會談，好讓孩子們準備期末考，並迎接假期到來。在諮商室中，我正與一位談了半學期的個案，討論本學期暫時結束諮商的事。

「這學期，我們固定見面討論了幾週，我觀察到，一開始妳的狀況不是很好，現在已逐漸穩定下來，也越來越能自在地面對班上同學，而接下來就是期末考，我們的會談可以在這裡暫時告一個段落，妳覺得如何？」

坐在我對面的女孩，原本輕鬆的表情，頓時凝重了起來，低下頭，沉默不語，淚水從臉龐兩側滑下。我問她怎麼了，她只是搖搖頭，一句話也不說。

她當初來找我談的是人際關係上的困擾，這是高中生常見的議題——覺得不受歡迎、被排擠、沒朋友、缺乏歸屬感等等。在一次班級的衝突事件之後，她難以面對同學，不想去班上上課，還起了休學的念頭，於是被導師轉介給我。

一開始，她的情緒狀態極不穩定，我們每週見面晤談兩次，漸漸地變成一週一次：我觀察到她的神情，從低落、緊繃逐漸轉爲自在、放鬆，甚至有了些笑容。雖然還是常低著頭，但我知道她的內在力量逐漸恢復，足以靠自己面對同儕相處的壓力。

「當我說我們可以結束晤談時，妳的神情就變了，又突然間哭了起來。可以告訴我怎麼了嗎？」在諮商中，探究此時此刻發生的事相當重要，我試圖釐清現在的狀況，而女孩就是低頭不語。

「這孩子，會不會對我產生了依賴？」我心裡思索著。

我記得自己還是個新手助人者時，前輩及教科書上都常提到，要小心處理個案對助人者的依賴。「該不會是我疏忽了，沒處理好吧？」加上她的困擾焦點是人際互動議題，也一直有著不安全依附的特徵……想到這裡，我內心不由得焦慮了起來。

另一方面，我感到有些雀躍。個案若對我產生依賴，代表我對她而言是個重要的人；在長期陪伴的過程中，我對她一定是有幫助的。當知道自己是被需要時，一股虛榮感油然而生。

「被需要」是一顆鮮美的毒蘋果，可口卻又充滿陷阱。**助人工作者常在無意間透過與個案的互動，滿足自己被需要的需求，甚至享受著被崇拜、依賴的感覺。等到自我價值無限膨脹，膨脹到遮蔽了自己的眼睛，不僅會看不到個案的需要，更忘記了需要被幫助的，其實是眼前那個受苦中的人。**

回到眼前低頭不語的孩子身上，我得弄清楚她現在怎麼了。既然她不說話，我拿出「百變情緒卡」，請她指認出自己目前的情緒狀態，她選出了「孤單」「受傷」和「害怕」三個情緒圖卡。

孤單、受傷、害怕……

會不會，因爲我提議要結束諮商，讓她覺得自己彷彿被遺棄了，因而感到受傷？當一個值得信任與依賴的助人者要棄她而去時，她心裡出現了「我終究還是一個人」的孤獨感，同時想到得獨自面對這個沒有自己容身之處的世界，心中滿是恐懼？

當我默默地揣摩她內心的小劇場時，她抬起頭，說話了：「我還是沒辦法面對課堂上分組活動這件事……」我疑惑了，接著問：「可以多說一點嗎？」

「沒來這裡談話，我就得去上體育課。體育課要分組活動，我怕沒人要跟我同一組……」我想起來了，這孩子總是挑體育課的時段來談，我一直不疑有他；而害怕分組落單這件事，也是我們曾經討論過的話題。

原來，孩子的「孤單」「受傷」與「害怕」是來自對課堂中分組時可能落單的擔心，來找我晤談，只是她用來逃避分組活動的方式。

孩子聽到不能繼續來談而傷心落淚，或許根本和對我產生依賴與否無關，只是單純發現不能再以來接受輔導的名義，逃離分組活動可能落單的窘境。

短短十幾分鐘內，我的心情像洗三溫暖、也像坐了一趟雲霄飛車。從擔心沒有處理好個案的依賴議題，到因感到被需要而出現膨脹的自我價值感，最終發現，這一切其實和自己似乎沒太大關聯。

搞了半天，我被打回現實——孩子還得繼續被協助，而我也沒有自己想像得那麼重要。

心理助人的過程中，孩子往往是我最好的老師。他們總是幫助我更透徹地認清自己的面貌。而今天，我的個案又幫我上了一課。她讓我知道，有一個人正在扮演無所不能的救贖者，內心卻是自卑又空虛；而這個人，同時帶著跛腳的模樣，一點一滴從事著助人工作。

助人，究竟是誰的需求？

記得曾在演講中分享到自己的助人歷程，一位聽眾舉手發問。她提到，自己曾遇過很想幫助別人，卻難以使力的經驗，不知道怎麼辦才好。

我問：「那麼，妳都怎麼做？」

她說：「我會一直引導對方從不同角度去思考問題，但他就是跳不出來，而且一直聽不進我提供的觀點。」

「此刻，妳的感覺是什麼？」

「我感到很無力、很沮喪。」

「我大膽猜測，是不是有一種自己不被重視、不被需要的感覺？」

她沉默思索了一會兒，點點頭說：「好像是這樣。」

當我們很想幫助一個人，卻怎樣都沒辦法讓對方接受我們的觀點時，常會感到灰心沮喪。此刻，衝擊到的常是自我價值感。**於是，我們常為了證明自己在關係中的重要性與影響力，便試圖用更大的力量去介入他人的課題，說服他人接受自己的觀點。**

然而，這樣的方式容易在無形中失去對他人的尊重。此刻，對方需要的也許不是更多的意見，也許只是需要有人陪伴、傾聽，抑或是能一同討論就好。**但我們內心深處「被需要」的需求，卻可能讓我們在無意間，在關係中侵犯了他人的界限。**

我們必須時常反思的是，在助人的過程中，我們究竟是把對方的利益放在最重要的位置去照顧，還是不自覺地把自己放到了對方的前面，試圖透過幫助別人來證明自己的能耐與重要性？

究竟，心理助人工作，是在療癒別人，還是療癒自己？

沒那麼重要，卻舉足輕重

回到前面的案例。老實說，知道實情後，我的心中出現了不小的失落感。我發現，原來自己沒有想像中如此被孩子需要。孩子眞正需要的，只是一個能逃離分組落單情境的空間。

當我更進一步去探究，自己是如何因應這份失落情緒時，才驚覺，失落感襲來時，我竟不自覺地自我貶抑：「原來我對她一點幫助也沒有。」這讓我感覺更糟了。

事實上，我不應該就此全盤否定自己。**即便我沒能幫上孩子，也無損我存在於這世上的價值。因為，人生來就是有價值的——這是我對於個體存在的信念，適用於孩子，當然也適用於我自己。**

一旦一個人的自我價值建立在是否幫上他人時，助人者很容易把自己的需求，放到個案的需求前面，而忘了眞正需要被幫助的，其實是個案；也很容易因爲個案的些許改變、進步與正向回饋，或因爲感受到被個案需要，而過度自我膨脹，忘了眼前的生命，才是眞正該關注的焦點。

在家人或伴侶等關係中，也是一樣的。許多家長常爲了證明自己是個夠資格的父親或母親，傾全力地爲孩子付出，卻忽略了孩子眞正的需要，以爲付出的愛是爲了孩子好，卻讓孩子感到自己的人生被操控。於是父母抓得越緊、孩子逃得越遠，到頭來兩敗俱傷。

也常見親密伴侶的一方，爲了對方付出一切，只求在對方心中擁有地位，藉以證明自己存在的價值。這樣的愛是盲目的、是自私的，而且只會讓對方在關係中感到窒息，因而想逃離，最終再度驗證了自己是不被愛的。

在任何關係中，只要能夠爲對方做點事，都能獲得成就感，「利他」是一種生命意義的體現。然而，人因生下來就有其價值與重要性，不需透過犧牲、付出或幫助別人，才能證明自己足夠重要。自我價值，無須證明，因爲不證自明。

回想看看，你是否有哪段關係的付出，是為了證明自己「被需要」？

26 從陌生到熟悉

某一年，國中教育會考的作文題目是「從陌生到熟悉」，讓我想起生活中一些值得思索的議題。

高中畢業後，我就到外地求學、工作，回家與父母相處的時間越來越少。每次回家見到雙親，常有一種既熟悉又陌生的矛盾感覺。

熟悉的是，父母對孩子流露的眼神，是從小到大沒變過的；陌生的是，由於少了共同的生活經驗，一時間彼此搭不上話，能聊的也只是表淺的日常瑣事：誰家的孩子最近結婚了、哪個遠親最近過世了、最近出去玩發生哪些新鮮事、住區的里長最近有什麼新構想等等。

回家時，我在適應與父母一同生活的時光，父母也在適應家裡有我的日常。因為與父母間的連結一直存在，即使陌生，也能在短時間內逐漸熟悉起來。然而，每當熟悉的感覺回來時，又是要離家的時候了。

於是，對於父母的熟悉與陌生，總在來來回回間擺盪著。

我想，不只是我，這種感覺也許是出門在外的遊子共通的心情吧。

這段過程中，始終保持「連結」是相當重要的。天天見面的人，我們不一定熟悉，因爲彼此間少了一份深刻的連結；不常見面的人，我們卻能掏心掏肺，因爲那份連結存在於彼此之間。

從陌生到熟悉，助人工作的必要過程

對於助人工作者而言，時常需要經歷「從陌生到熟悉」的過程，指的就是「建立關係」——不只是自然的過程，還是得刻意加速的過程。

從助人者的角度來看，我得在短時間內認識你、理解你、接近你，才有機會提供你適切的協助。而有效助人的關鍵，就是建立起高品質的人際關係，讓當事人有著信任、安全、溫暖與受支持的人際經驗。

所以，每個助人工作者，都需要具備如何催化與來訪者之間「從陌生到熟悉」的能力；助人者接受種種助人技巧訓練的目的之一，即是如何更快、更有效率地讓來訪者對助人者感到熟悉。

「見面三分情」「有關係就沒關係，沒關係就有關係」……這些話都說明了熟悉的重要與影響力。然而，我常揣摩著，來訪者對於助人者的「熟悉」，究竟是怎樣的感覺？

助人者是個可以信任的陌生人

從來訪者的角度來看，說穿了，助人者怎麼說都是個陌生人；然而，是個可以信任的陌生人。隨著每一次的會談，儘管會面時間不多，熟悉感漸漸增加，越來越能對助人者敞開心房、吐露心事。

只是，對來訪者而言，助人者仍然是個陌生人。

為什麼？因為來訪者對於助人者，事實上是一無所知的。我不知道你的喜好、你的出身、你的背景、你的生活經驗、你的思維與價值觀……每當來訪者想多知道助人者一點，就會被帶回來訪者自己的議題上。多麼不平等的人際互動啊！這卻也是助人關係的特色之一。

只是，這位陌生人，很願意傾聽我的故事，很願意貼近我的內在世界，很願意陪伴我走過一段艱困的時光，甚至很能理解我的情緒與想法。這是在我的人際經驗中，從那些熟悉的人們身上得不到的。

所以，助人者營造的，是一種看似熟悉的氛圍，是讓來訪者感到被積極關懷與真切貼近的態度——這正是一份「連結」的感覺。

親子是最熟悉的陌生人？

許多家長會發現，孩子進入青春期後像變了一個人，自己似乎越來越不認識這個朝夕相處的孩子了。

長期從事青少年輔導與諮商工作以來，其實家長不知道的是，在會談室裡，許多青少年孩子也抱怨越來越難以接近父母、越無法理解父母在想什麼。

於是，親子間成了最熟悉的陌生人。關係惡劣的，不是每天處在劍拔弩張之中，就是相敬如「冰」。

其實，青少年孩子與父母之間的關係越趨疏遠，是正常的過程。孩子長大了，開始有自己的觀點與思考方式，甚至會用叛逆來證明自己的存在價值。而父母帶著長久以來既有的印象與孩子互動，沒想到孩子一夕之間長大了，還來不及調適心情，就已經認不得這張熟悉臉孔的內心世界長的是什麼模樣。

重新找回熟悉的感覺

與青少年孩子及家長工作時，常需要爲彼此破冰，目標是讓親子之間重新找回熟悉的感覺。

對於孩子，我得引導他們重新理解父母，包括父母的成長背景、思考脈絡、付出與局限；帶著新的眼光去深刻理解父母，往往能讓孩子有更大的意願去接受父母。

對於家長，我得引導他們看見孩子的轉變，有不同於以往的價值觀與行爲模式；更重要的是，努力營造一個讓孩子感到被積極關懷與眞切貼近的態度，帶著這樣的心情來進行有效的溝通。

這正是幫助彼此重新「從陌生到熟悉」的過程。而前提是，我必須先與雙方「從陌生到熟悉」，也就是都須先建立起關係連結。

關係的品質，勝於相處的時間

從陌生到熟悉，重要的不是見面的次數、頻率或時間長短，而是關係的品質。也就是彼此之間是否存在一份深刻的連結。

那份連結，是一種想去關心、理解與陪伴對方的意願，是一種知道對方對我們有著重要意義的體悟，是一種能不帶成見而全然接納與支持的態度。

美國人本心理學大師卡爾．羅哲斯（Carl Rogers）強調，在助人關係中助人者應有的三個基本態度：

☑ 眞誠一致（Congruency）

☑ 無條件積極關注（Unconditional positive regard）

☑ 同理心（Empathy）

這也是催化關係連結的基本核心，適用在所有關係；當連結存在時，不論是「從陌生到熟悉」或「重新從陌生到熟悉」，都是做得到的！相反的，若是少了這份連結，即使是枕邊人，也依然陌生。

傳遞尊重的過程

有人說，青少年是個很難與其展開對話的族群。對很多大人來說是如此，但對我來說，我倒認爲青少年孩子是很好聊的。**此時期的孩子，極度渴望被理解，只要你不帶著批判的態度，孩子會願意對你掏心掏肺的**。

另一方面，其實青少年孩子隨時在觀察你。你如何對待他們，他們就如何回報你。當你願意帶著尊重的心與他們互動、肯定他們的價值，他們就會敞開內心世界讓你進入。青少年孩子很敏感、精明，也很單純，他們分得清楚哪些大人是真心誠意，而哪些大人虛僞做作。**在他們面前，你騙不了他們，因為他們是如此真誠一致**。

我從和青少年孩子的互動中，深刻學習到什麼叫做尊重。即使對方的年紀遠小於自己，也用心地與他們互動。**當你把任何一個生命個體都看作是重要的存在，並肯定其價值時，你就傳遞了一份尊重。**

從陌生到熟悉，是一段傳遞尊重的過程。

傳遞足夠的尊重，才能謙卑地理解，放下身段貼近。

此時你會發現，孩子內心世界的大門，永遠是敞開的。

27 慢慢來，比較快！

白雪老師是我相當喜愛的一位教育工作者，溫暖、親切、和藹的外表下，有著滿滿的愛心與豐富的人生智慧。

白雪老師是個退休的國中教師，她曾在演講中提到，幾個月前才畢業的學生，當時還是牛鬼蛇神的半獸人樣貌，過了一個暑假，升上高中，突然間變成熟了，彬彬有禮、穩重謙和。

「眞是嚇死我了！」白雪老師這麼形容：「而且還時常碰到這種事！」學生的高中老師稱讚白雪老師在國中就把學生教得很好，白雪老師則納悶地覺得高中老師才是有神奇魔法的人，可以讓學生整個人「改頭換面」。

「我都差點認不出來了！」她誇張地說。

聽著教育前輩幽默詼諧地分享，我印象深刻，但當時仍年輕的我，難以體會箇中意涵。

直到最近幾年，一屆又一屆的學生畢業上了大學，偶爾回來探視我，這才驚覺，白雪老師的誇張說法不是沒有道理。前陣子還搞不清楚狀況的孩子，半年、一年不見，說出來的話便擲地有聲、頗有見解，令人耳目一新！

我很喜歡聽孩子回來分享他們在大學裡的故事，也常好奇地問：「我覺得你們長大好多喔！是什麼讓你們在短時間內變得更成熟了？」

「有嗎？有很大的不同嗎？」孩子們聳聳肩，笑著說：「不知道耶！我們就是這樣每天跟著大家過日子罷了！」

眞是見鬼了！在平淡無奇中，孩子們就不知不覺地改變了。

我想起了幾個個案。他們高中時，因爲各種原因有著情緒上的困擾，我一週一次地與他們晤談，陪他們走過三年。這些孩子直到畢業前，仍難以露出一絲微笑；但是再不放心，我也得祝福他們，送他們走出校門，展開大學生活。

過了一個學期再見面，只見孩子們臉上帶著光彩，充滿朝氣與熱情。話匣子一打開，滔滔不絕地說著大學生活趣事，與半年前那些鎮日愁容滿面，說起話來就一把鼻涕一把眼淚的小鬼相比，眞是判若兩人。

這到底是怎麼回事？

改變，常在不知不覺間

與你朝夕相處的人，一天到晚見面，你不容易察覺他的變化，若隔一陣子沒見，差異就顯現出來了，就如同許多父母都覺得，別人的孩子長大得特別快一樣。

所以當師長的人，因爲不容易看到每天相處的孩子的成熟與轉變，也不容易給出讚美與肯定，變得只看見缺點與偏差之處，因此數落總比褒揚來得多。

即使如此，仍不足以解釋何以短短幾個月沒見，孩子就出現「脫胎換骨」的奇蹟現象。

新的環境、新的氣象、新的可能

會不會，是新的環境讓人快速成長了？不論從國小到國中、國中到高中、高中到大學……在新的環境中，有了新的身分認同，也會出現新的自我期許，自然展現出符合該階段該有的典型行爲。

在新的環境中，有著各種新的刺激，同儕、師長、學習內容、軟硬體設施、文化氛圍……都能將人們催化出一番新的氣象。

許多孩子在高中階段總是悶悶不樂、眉頭深鎖，上了大學卻變得十分開朗。或許是因爲，大學多了更多自主的空間，少了家庭的束縛及高中時沉重的課業壓力，那些「不得不」不再如影隨形，取而代之的是自由的空氣與對自我的掌控感。

一個環境的轉變，讓許多原有的「症頭」都改善了！足見環境對人的影響之深，難怪孟母要三遷，擇鄰而居，實在不無道理。

改變的發生，剛好是時間到了？

改變，也許是觀察者的錯覺，也許是環境的影響。但會不會，最大的推手，其實只是時間？**那些改變的發生，就是時間到了而已，不多也不少，剛剛好而已**。

時間把一個人從幼稚帶向成熟，也把一個人從強壯帶入衰老與死亡。在這段自然發生的過程中，我們能做的，只是盡可能增加正向或負向的影響因子。

或許，幾年來在輔導與諮商上的努力，常未能見到孩子在情緒或行為上的進展，不是這些努力沒有用，只是時間未到。**這些生命中的養分，都已被孩子們一點一滴地吸收了，就待時機成熟。或許在新環境中，或許當有了新的機會，或許，就是在莫名其妙間，改變就這麼發生了！**

在時間的面前，我們都得謙卑地臣服。

臣服於時間的力量——慢慢來，真的比較快！

然而，最無力的莫過於長期不斷地付出，卻仍未見成效。孩子們的問題行爲依舊，徘徊在無止盡的困境之中。因此，**耐心地等待是必要的，甚至必須有著「也許改變發生的那一天，我並不會親眼目睹這一切」的心理準備**。

冰凍三尺非一日之寒，孩子出現問題行爲或身陷困境，絕非一朝一夕造成的。許多孩子自幼成長在極度不利身心發展的家庭環境中，成長路上一再遭遇挫敗，身上累積了大大小小的創傷，哪是學校師長幾個月或半年的悉心照顧，就能爲其帶來完全的療癒呢？即使孩子的行爲表現有了起色，也很常在某些因素下再度打回原形，這是常有的事。

不過，這並不代表孩子周遭師長所付出的關懷是白費苦心。因爲，所有的心理創傷都需要在一段長期、有意義、安全且穩固的人際關係中被療癒。**師長為孩子建立起一段有別於過去的溫暖關係，讓孩子體驗到被肯定、被支持與被接納的經驗，這點點**

滴滴都會化成他們的心理養分。即使看不到立即成效，只要方向是對的，就要持續去做。

由於逐漸體會了這個現象，對於處在困境中的孩子，我開始懂得等待。過去，當孩子出現狀況時，我會和家長一樣著急，心急如焚地給出各種建議，要家長積極做點什麼；而現在，我會在與家長談完後，多加上一句話：

「別急，多點時間觀察與等待，也許自然就會改善了。」正如恩師賀孝銘教授常說的：**「慢慢來，比較快！」**

的確，慢慢來，助人工作可以做得更細緻；慢慢來，助人者較能輕鬆以待，避免加速專業枯竭。慢慢來，眞的比較快！

時間是最強大的老師，在時間面前，我們要學會懷抱希望，並耐心等待。

耐心等待，你的每一分努力，都能化成讓孩子改變的養分。

28 你和孩子的互動是眞誠的嗎？

「老師，請你千萬不要跟孩子說我有打這通電話給你喔！」一位家長在電話那頭語氣愼重地說著。

許多家長在來電諮詢或請託我協助子女時，最後總會如此叮囑。我納悶著，爲什麼不能讓孩子知道？

「要是他知道我有打電話給你，他一定會恨我的！」家長如此解釋。原來如此，是不想傷了親子間的和睦；或者，不想被孩子討厭。

「我知道你是專家，一定知道怎麼做的，拜託你了！」最後又補上這一句。

這下可爲難我了，我既不敢稱自己是專家，而且青少年助人工作幾年下來，失敗率高得驚人，這點我很清楚。更重要的是，我根本不知道怎麼做，才能把孩子找來會談，卻又不能讓孩子知道爲什麼他需要來接受輔導。而且，若不能讓孩子知道他爲什麼會被找來談，我是無法與孩子展開工作的。

於是，我思索了一會兒，對著電話那頭的家長說：「如果不讓孩子知道是你請我幫忙的，我不知道要用什麼理由找他來談，也不知道如何與他互動，很抱歉，這個忙我幫不上。」

我繼續往下說：「如果你覺得說了會被孩子怨恨，顯然你們的關係已經存在著問題了。」

「沒錯，我們之間根本無法溝通……」當我明確地點出問題時，家長才低聲地說。

「那麼，你更要讓我告訴你的孩子，你打過這通電話。如此，我才有機會和孩子討論親子衝突的話題。讓重要的議題浮出檯面，情況才可能有所不同。」

「那麼，如果孩子回家生我的氣怎麼辦？」聽起來，家長仍然很擔心。

「面對現實吧！孩子沒生你的氣，不代表你們的關係就和諧了。你該思考的是，如何透過這個機會，好好地改善你們的關係品質。我會找你的孩子談，必要的話，我們也可以見面聊一聊，眞誠的對話與討論，對關係的修復才有眞正的幫助。」

既然是爲孩子好，爲什麼需要隱瞞？

前述的對話過程，在我的助人實務上很常發生。

我常想不透，父母爲了幫助孩子，找學校老師溝通討論，或者請學校老師介入關心，出發點不正是爲了孩子好？既然是在做對孩子有益的事，爲什麼會擔心讓孩子不開心？

合理的解釋是，親子關係品質本來就不怎麼好了，使得父母對孩子不再有影響力。父母好說歹說孩子都聽不進去、對孩子的言行束手無策下，也才會特地求助學校老師；特別是直接來找輔導老師的，事情通常已經有點「大條」了。

但也正因關係不佳，孩子更不想被父母管。父母找人當說客，自然容易引起孩子反感，使原本冰冷的關係雪上加霜。父母不想當壞人，又想改變孩子令人頭痛的行爲，只好拜託眼前的救兵別洩了底。

建立在虛假關係上的和樂互動

在督導諮商新手的過程中，我常發現，部分諮商新手明明和眼前的個案談了好幾回，卻完全沒有提到個案需要來談的理由，也就是個案被轉介的原因（好吧，我承認，以前我也是如此）。

在學校裡，不少孩子並非自願前來求助。他們本身並不覺得自己有困擾，多半是師長對其言行看不下去，認爲有必要透過輔導與諮商的歷程，把他們重新「改造」一番。這類個案通常較具挑戰性，卻也常是實習中的諮商新手最常接到的個案。

「爲什麼不直接談呢？」我問。諮商新手告訴我：「我擔心一旦說了，會讓個案以爲我和轉介他來的老師是同一陣線的，就此破壞諮商關係，到時候他什麼都不想跟我談了。」

於是，每星期見面會談的兩個人，總是天南地北東拉西扯，小心翼翼地不碰觸到關鍵議題，只爲了保護兩人之間不堪一擊的諮商關係。

問題是，不告訴個案被轉介的理由，難道他就不知道自己爲什麼會被要求來談？

難道他就不會把你當作是那些討厭的大人的同路人？即使你已盡可能表現得很和善。

你害怕破壞關係，問題是，如果你們的關係其實根本還沒建立起來，又何來破壞？關係的建立與經營，最關鍵的要素是「眞誠」，而不是討好或迎合。**假裝轉介的理由不存在，而莫名其妙地把人找來談，又要和他建立起關係，絕對不是真誠的表現。**

助人者的目的是要幫助眼前的個案改變與成長，卻誤把重心放在努力保護好這段諮商關係；看似和樂的談話氣氛，事實上卻是建立在虛假的關係基礎上。

何以助人者要如此擔心關係的破裂，而無法坦承地告訴個案轉介理由？何以一心爲孩子好的父母不能讓孩子知道自己撥了電話給學校老師？

也許，我們都對自己不夠眞誠！

擔心被討厭，只好戴著面具討好他人

我們都有著自尊的需求，需要他人肯定、讚美、喜愛，不想被怨恨、貶抑、詆毀。關係的破裂意味著「我不受歡迎」「我不被喜歡」，或者「我不是個成功的父母」與「我不是個有效能的助人者」。我們擔心面對自己被討厭的可能性，於是用盡全力想討好別人。

於是，我們戴著虛假的面具在所有的人際關係中，用虛假的方式與人互動；我們行著名為對對方好的事，事實上卻是在保護自己脆弱不堪的自尊。

幾年的助人經驗中，我看到自己透過一次又一次的助人過程來提升自我價值，透過被個案感謝、尊敬甚至崇拜，體驗到自尊無限膨脹的快感。然而，我也時時刻刻走在危險邊緣——助人與滿足自我需求，何者才是首要？我的重心放對位置了嗎？

建立一段真誠的關係，是需要冒險的

沒有人是完美的，我們不可能被所有人喜愛，被所有人喜愛也不是我們存在的目的。我們必須看到這一點，才能對自己真誠，進一步在關係中與對方真誠相對。

別小看青少年！當你在關係中不夠眞誠時，他感受得到。即使你再努力表現出對他所談的話題深感興趣，他仍然會認爲你和那些不認同他的大人們是一樣的。因爲他們知道，眼前這個不夠眞誠的人並不足以了解自己，也不夠資格進入自己的內心世界。表面上你們聊得很愉快，事實上孩子內心的大門仍是緊閉著。

放棄維持表面和諧、但實際上不堪一擊的虛假關係吧！一旦覺知到你小心翼翼守護著的是一段缺乏眞誠的關係時，你就需要去冒險，以自己眞實的面貌與對方互動。此時，你才眞正做到了對自己眞誠、也對對方眞誠，這樣的關係才有意義。

心理助人透過關係而產生療癒，但虛假的關係卻於此有害。在這樣的關係中，你們之間不應該存在著不能說的祕密。

29 面對暴衝的靈魂，你準備好了嗎？

某天，一名導師衝到我座位前，開口便說：「陳老師，我真的受不了了，你得幫我才行！」

導師眉頭深鎖、愁容滿面，身體處於高度緊繃狀態。我刻意放慢語調，詢問怎麼了，希望能緩和她緊張的情緒。

「我們班上有個孩子，常在班上情緒崩潰就算了，找她談話、關心她，她就只是一直哭、一直哭，但也不說自己怎麼了。我若表示要去上課了，請她先回班上，她反倒站在原地一直看著我，好像不希望我離開。幾次下來都這樣，我實在不知道該怎麼辦。」

這是一位相當敏銳與溫柔的導師，孩子們都與她相處愉快，她也樂於去發現、關心每一個孩子的狀況，並且總能帶給許多孩子溫暖的力量。但這一次，她似乎遇到困境了，她的溫暖關懷，卻反而讓自己承受了極大的挫折與壓力。

「不瞞你說，現在我看到她遠遠走來，眞的很想躲起來，但心中又充滿罪惡感。」我能理解她的心情。不只是她，最近班上也有幾位熱心的學生來告訴我那孩子的狀況，學生憂心地說：

「老師，她在班上動不動就趴著哭，卻又不說她怎麼了。我們關心她，她還是一直哭，我們才剛離開她身邊，她又一直看著我們。弄得大家都不知道該怎麼辦，只好輪流陪著她。但是再這樣下去，大家都要崩潰了！」

眞是一群天使般的孩子啊！孩子們的善良，很可能在不斷付出關愛的同時，也讓自己受傷了。

我拿起電話，開始聯繫相關人員與資源，包括家長。我知道，要幫助這位情緒嚴重失調的孩子，需要打的是團體戰。我需要讓系統整個動起來，一起提供她支持，而首要的是，在這過程中，不能有人因此負荷不了而垮掉。

周遭關心孩子的人們，都不是心理專業人員，只是一群友善、熱心又有愛心的人，算是幫助這孩子度過難關的「資源人士」。我除了設法直接接觸孩子，也需要給周遭這些資源人士更多的心理建設與心理支持。

從事心理助人工作久了，難免會遇到負面情緒極度強烈的孩子。如果是偶發性、一次性的，還算容易應對；若是遇到長期下來，總是以近乎崩潰的狀態出現的孩子，每次的會談都是一段難熬的時光。

強大的負面情緒會透過各種形式呈現，不論是極度低落或極度高漲，都會吸光他人的能量；與這樣的人長期相處，很難不感到身心俱疲。

讓孩子從關係中復原與成長

心理諮商或治療的療效，常常在於讓孩子在會談中真實表達自己的情感，同時透過足夠穩定的關係與同理心，承接起孩子的情緒，讓孩子感到被支持與被接納，並獲得一段有別於其他人際互動的情感經驗。

在這段關係歷程中，孩子會感受到，自己是值得被傾聽、被理解、被肯定與被愛的，因而逐漸修復內在的傷痛。

關係是療癒的基礎，心理助人工作提供給孩子的，就是一段真誠、穩定與高品質的互動空間，讓孩子在關係中復原與自我成長。因此，助人者表現出真誠與穩定的態度，遠比各種絢爛的技巧來得重要許多。

當助人者面對負向情緒強度極大的孩子時，首要的考驗便是助人者本身的內在狀態是否穩定。我得承認，對強襲而來的情緒感到難以招架時，往往會想逃避面對。然而，**不論是在會談中避而不談可能引發孩子強烈情緒的核心議題，或者是草率結束與孩子之間的助人關係，都有可能造成孩子極大的傷害**。

原因是，助人者再度複製了孩子在會談室以外人際關係的互動模式——通常是不具療癒性，甚至帶有傷害性的互動模式；另一方面，也會令孩子感到被遺棄，並強化了他們內心的負面認同。

孩子在關係中表露強烈情緒時，正是挑戰的開始

我常看到不少接受協助的青少年，他們在諮商室中總是顯露出強烈的痛苦，字字句句控訴著世界，眼淚潰堤地說自己好苦，甚至將自殺掛在嘴邊。然而身旁的人，特別是父母或任課師長等大人，從來不曾發現孩子的情緒狀態竟已如此失控。

有時，不是父母師長不用心觀察孩子，而是孩子在生活中無法向父母師長流露出真實情感。

爲什麼？也許是從小就不被允許表達，也許是擔心不被理解、不想讓父母擔心、不願意表現出自己糟糕的一面……然而，與父母的互動，往往是造成孩子內心痛苦的主要來源。面對父母有苦不能說、無法說，只能藏在心中，用力地壓抑著，還得表現得若無其事，直到遇到了可以信任、也願意理解自己的人，才將龐大的情緒一股腦兒地宣洩出來。

因此，當孩子在晤談中流露高強度的負面情緒時，或許也意味著，助人關係已經

走到了獲孩子信任的程度。此時，孩子願意對一位陌生的師長表現真實的自己，他知道自己被允許透過強烈的情緒表達心中的痛苦。

從此刻起，正是助人者接受考驗的開始。一旦關係進展到如此程度，助人者就不能隨意放手、輕易退開了。我們得時時準備好自己，以面對眼前那暴衝的靈魂。但是，助人者應該如何面對一再表現出強烈負面情緒，甚至常將自殺掛在嘴邊的孩子呢？

（一）時時保持穩定的身心狀態

這是最高指導原則。唯有助人者處在穩定的狀態下，才能給出對方最大的支持。我們可以透過觀察自身的生理與心理線索，來檢核自己是否處在身心穩定的狀態。**當我們穩定時，呼吸是和緩而順暢的、身體是放鬆但有力的、內心是清醒而專注的。我們能同時保持對內與對外的覺察，能夠用溫和、堅定、稍微低沉而和緩的語調說話。此刻，我們會意識到內在具有十足的力量，願意去與另一個生命連結**。

會談前，可以透過幾次的腹式呼吸、放鬆冥想、靜坐與正念練習，讓自己進入身心穩定狀態。我常在教師研習或工作坊中，指導學員練習神經語言程式學（Neuro-Linguistic- Programming, NLP）中的「COACH」狀態技巧（見第三十一章），相當快速而有效。

請務必記得，當自己的狀態不好時，千萬別與強烈負面情緒的孩子互動。寧可請他先在晤談室中等待一下，等到確定調整好自己後，再進去展開談話。而在會談過程中，如果發現自己開始失去穩定狀態時，你得誠實地告訴對方此刻你的狀態並不好，需要到外面去調整後才能繼續談話。

（二）將會談聚焦於關係上

引發孩子強烈情緒的是事件，但促成他們從情緒中療癒的卻是關係。很多時候，助人者可以試著將討論的焦點從令孩子感到不滿的事件，轉移到彼此當下的關係上，看看兩人之間發生了什麼事？

「是什麼讓你願意在我面前真誠地展現自己的情緒狀態？」
「如果你覺得我是個可以信任的對象，是什麼讓你願意信任我？」
「我們的關係與你在生活中和其他人的關係有什麼不同，使你願意在這裡放聲哭泣？」
「當你看到自己能信任我時，有什麼感覺或想法？」

當然，助人者也可以在當下將自己的內心感受表達出來讓對方知道。**即使是負面的感受，只要帶著真誠的態度，注意語氣與措辭，對方感受到的會是一份尊重與關懷，而非批評與指責，這即是一種矯正性的情感經驗了。**

（三）真誠面對自己的各種情緒

面對負面情緒極度強烈的孩子，往往會引動助人者的各種情緒。**我們可能會感到挫敗、無力、沮喪，也可能生氣與後悔**（「都是你讓我每天壓力很大！」「要是當初不要接受你的求助就好了！」），**同時，又會因為這些感覺在心裡責備自己、批判自**

己、**對自己生氣**。

換句話說，**我們不允許自己對孩子有情緒，於是我們花了許多力氣在對抗這些真實存在的負面情緒，因而處在自我消耗的狀態中**。然而，即使我們對孩子有著負面情感，也無損於他身爲一個人的價值，更無損於我們身爲助人者的價值。

當你懂得這個道理後，你會開始正視自己的情緒，允許自己對孩子或對自己擁有各種情緒，這些情緒是正常的。你會知道如何安頓這些情緒，甚至，**進一步運用這些情緒，對孩子產生更深的理解；因為，這些感受正是孩子周遭人們可能擁有的感受**。

（四）不輕易給予承諾

當我們把助人的目標放在平息孩子強烈的情緒時，我們可能不自覺會答應對方提出的要求。而這些要求，很多是我們做不到的。換句話說，此時的孩子時常透過強烈的情緒狀態向我們出難題。

例如，要求助人者代爲傳話、不要將自己的危險行爲告知他人、與其他人有差別待遇等等。因此，**助人者必須衡量其要求的合理性，溫和而堅定地拒絕給予任何承**

諾；即使拒絕了，也持續給予關懷及支持。

別讓自己陷入左右爲難的境地中。**一旦你答應了孩子的請求卻做不到，或者事後反悔，信任關係就會受到破壞，對孩子也是一種傷害。**

（五）覺察你的專業自我懷疑

面對情緒強度極大的孩子，我們常會自我懷疑，懷疑自己是否有能力持續幫助他們。若是遇到孩子透過強烈的情緒挑戰或攻擊我們時，內心更會挫敗不已。**而我們需要區分清楚，這些對專業能力的自我批判與懷疑，究竟是因為他們自身的情緒使然，還是真的如此。**

很多時候，挫敗與自我懷疑，正是孩子身旁人們時常出現的感受：「我這樣做錯了嗎？」所以並非助人者的助人專業能力不足。因此，請時時告訴自己：

「即使我時常感到挫敗，我仍然願意繼續陪伴孩子，堅定與他前行；同時，我欣賞我的堅持與勇氣！」

30 青少年輔導諮商的售後服務

有一陣子，幾位畢業生不約而同回來學校找我。通常會回來「探視」學校輔導老師的，以過去會談的孩子居多，常是那些曾經接受長期晤談與追蹤的個案。

有個孩子一進門就往我這裡走來，邊落淚邊說：「老師，還是這裡比較溫暖！」她畢業兩年，去北部念大學，但學校還沒開學。

高中時，她絕口不談關於自己的事，但任誰都看得出來她過得不是很好。「好，慢慢說，發生什麼事了？」我將她帶進會談室，聽她哭訴發生在自己身上的故事。原來，是失戀了。這是她第一次談起發生在自己身上的事。

我也曾接到一通電話，電話裡傳來虛弱的聲音：「老師，我是小黑，現在方便去找你嗎？」

我問：「到學校來嗎？」他說：「對！我覺得快失控了，我需要人幫我。」

「好吧！你快過來，我在這裡等著。」我決定放下手邊的工作。

還有一次暑假，一個畢業已久的學生回來。

他沒有繼續升學，在餐飲店打工，逐步成爲店裡的正式員工，我爲他感到高興。聊著聊著，他談起最近自己的身心狀況——嚴重失眠、胡思亂想，還時常聽到怪異的聲音，一點風吹草動就驚恐不已。

我頓時發現，孩子們回來學校找我，不是來向我分享自己的近況有多好，而是想讓我知道，他們過得並不如意。

離開校園的那一刻，狀況仍令人擔憂

前面只是其中幾例，每年都有類似狀況的孩子回來。他們可能剛畢業、畢業了幾年，也或許沒讀完高中就離開學校了，回來，大多是爲了「取暖」。

高中期間，他們的狀況就已起伏不定。會來到我這裡，從師長轉介到同學通風報信的都有。總之，都不是自願的。

處於青少年階段的他們，從來不願意告訴我太多自己的事，會談時也常冷淡地應付我。我試著告訴他們：「給自己一個機會，讓我來幫你，好嗎？」他們會說：「不用了，我很好。」或說：「你幫不了我的。」

確實，面對這種情境，我束手無策。我只能在有限的時間內，偶爾找來關心一下，或是在他們出現狀況時，稍微介入處理。就這樣有一搭、沒一搭，斷斷續續地談著、互動著；很快地，再看著他們離開校園，走向人生下一站。

事實上，在離開校園的那一刻，他們的狀況仍然令人擔憂。

終於等到求援的孩子

而今，孩子們回來了。跟以往不同，他們終於有求助意願了！他們告訴我，現在身邊沒人可找，很無助。

面對已經離開校園的孩子，該幫、還是不幫？當然要幫！問題是：「怎麼幫？幫到什麼程度？」每當畢業的孩子回來求助時，我腦中總會不斷地如此盤算著。

成功的輔導與諮商，最終是要讓個案不再需要助人者，而能靠自己的力量走出自己人生的路。

然而，此時此刻，孩子在彼此的輔導與諮商關係結束之後，才開始眞正需要我。我很氣餒，過去的各種介入，彷彿是白忙一場。

一方面，我氣這些孩子，當初爲什麼不願意接受協助，直到畢業後才回來求助？同時，我也很欣慰，孩子們在外頭遇到困難了，知道主動尋求支援，不也是一種獨立自主與解決問題的表現？

人們總是在被需要中體認到自己的價值。就算被拒絕了一百次，孩子只要願意回來找你幫忙一次，就足以令人精神爲之一振。即使已經不再是我服務的範圍了，又怎能不伸出援手呢？

何況，助人工作是做口碑的，售後服務當然不能馬虎。

助人療效得以發揮的關鍵：「時機」

常聽人說：「青少年的輔導與諮商工作絕非立竿見影。」有時候，我會對這個論點很不服氣，總想找出快速有效的方法去幫助孩子。然而，平心而論，**這份不服氣，往往只在向孩子之外的人證明自己的效能及存在價值**。

助人療效能否發揮，「時機」很重要。在錯誤的時機點，就算提供再高品質的協助，也常以挫敗收場。

但是，怎樣的時機才稱得上恰到好處？通常是個案的困擾已經大到無法自己應付，而同時身邊剛好有可以信任的關係與資源時——這兩項因素缺一不可。

身體有病痛，我們懂得趕快就醫，但遇到心理困境時，人們常會死撐著，寧可靠自己的力量克服，這是人的韌性。往往要等到撐不住並處於瀕臨崩潰邊緣時，再觀察身邊是否有值得信任的人可以提供協助。

困擾本身來自人際關係。尤其是這些孩子，成長過程中就常處在高風險的情感關係中——緊張衝突、不安全感、一再被拋棄、背叛，以及負面評價。

對他們而言，重新信任一個人是如此的困難。即使有人釋放出再多善意，他們也會穿戴起面具與盔甲，顯現出一副毫不在意或不需你擔心的態度。

孩子在這段身著盔甲與大人互動的過程中，我們帶給他們的，正是歐文·亞隆在著作中提到的：一段**「矯正性的情緒經驗」**。

等待的同時，也是種療癒經驗

在你對這個世界萬念俱灰時，如果有一個人（或一群人）願意用正面的眼光看待你、接納你：他們不會任意地把你的問題貼上標籤，也不強迫你一定要接受他們的協助；尊重你的同時，也總是熱情地邀請你，就算你拒絕他們一百次，他們仍然抱持相同的態度——他們不放棄你。

他們讓你相信，這樣穩定、安全與值得信任的關係，確實存在於你的生命中；他們也讓你體認到，自己是值得被欣賞、被尊重，是重要而可貴的。

那麼，或許你會願意卸下盔甲，給自己、也給對方一個機會，讓人生能更好地走下去。

這段歷程往往會耗費許多時日，通常在穩固的情感連結建立好之前，孩子就已經畢業了。**然而，這段歷程本身就是一種療癒經驗，已對孩子的人生起了巨大的影響。**

面對回來求助的孩子，即使我無法（或不適合）再提供他們深入的諮商服務，然而，我還是可以**在一段穩固的關係基礎上發揮影響力，引導他們進入另一段也值得信任的助人關係中：也就是增加他們接觸到更多「矯正性情緒經驗」的可能性。**

這麼看來，過去所做的一切，不僅沒有白費力氣，而是意義非凡。

懂得耐心等待，在等待中灌注催化個案體驗療癒經驗的養分，直到適當的時機來臨，改變就此發生。

31 傾聽的本事

有一回會談時，照慣例，我專注地看著孩子，聽他訴說他的痛苦。

漸漸地，眼前的人影逐漸模糊，腦中的訊息開始雜亂紛飛。

一會兒，想起剛剛還沒寫好的計畫；一會兒，浮現出某位老師的臉孔，心裡盤算著等一下要和他討論的事；一會兒，又回過神來，發現自己分心了。

當我好不容易將注意力再度拉回來時，耳邊傳來了一道自責的聲音：「剛剛怎麼可以把對方晾在一旁，去想些無關的事情？」我的自責，再度讓我無法專注聆聽。

此刻，我想知道，我怎麼會如此心不在焉？我心想，肯定是昨天太晚睡，今天精神狀況不好，最近工作壓力又大，雜事纏身，才會思緒混亂。

我告訴自己：「放輕鬆、放輕鬆……」

接著，我打了一個呵欠。我忍不住想：「這樣對對方也太失禮了吧！」得設法讓自己清醒一點。我喝了口水，挪動了一下身體，但是狀況仍然沒有改善。

我爲我的難以專注感到焦慮不安，心情越來越煩躁。眼睛瞥向時鐘，只希望時間走快點，早點結束這難熬的時光。

時間到！我帶著挫敗的心情走出了會談室。坐在電腦螢幕前，打開孩子的紀錄檔案。我心想，剛剛究竟聽到了什麼？

只是聽人講話，眞的那麼費力嗎？

從事助人工作後，才深刻明白，傾聽是很累人的！

我的工作之一，就是聽生活中遇到困境的人們說話。每次五十分鐘，每天聽個幾回合。有時候，我會給出回應；有時候，我會提出幾個問題；有時候，我會引導一些技巧練習；而大多數的情況，我就只是專心地聆聽他們說話。

傾聽很費力，這是因為傾聽不只是聽，還得用心體會對方言語中的情緒感受，

用力理解對方內心世界的思考脈絡，並在腦中拼湊出一個合理的發展圖像；同時思索著，該如何回應對方，能讓對方覺得被理解，同時催化對方更多的思考，激發出更多力量。

光是「聽懂」，就不容易了！

先不論如何回應孩子，或分析他們背後的問題，光是「聽懂」本身，就是一件相當不容易的事情了。爲什麼呢？

首先，我們與孩子是如此不同的人，有著不同的成長背景與生活方式，自然會有不同的信念、價值觀與因應模式。也就是說，指引我們走在人生路上的腦中地圖，長得完全不一樣。

此外，除了當下的交會，我們其實與孩子處在迥異的時空環境中。你遭遇的困境，我可能從來沒有聽過；你腦中的內在圖像，可能從沒在我腦中浮現過。

最後，我們與孩子也許素昧平生，信任關係薄弱。你所傾訴的內容也許有所保留，你只說想讓我知道的事，而我得在拼拼湊湊之後，才能稍微貼近你的內心世界。

然而，在傾聽他人時，真正造成最大干擾又十分耗費力氣的，往往是傾聽者的自身狀態。

有限的心理能量

前述的狀況，其實還滿頻繁地發生。幾次經驗下，我深刻體會到，當狀態不好時，是無力傾聽的！

許多心理助人工作者都有過這樣的經驗：結束一天工作後，就不太想開口。回到家，家人說什麼常是有聽沒有到；此時，只想放空。我們擺出專心聆聽的樣子，實際上耳邊的訊息常是從一耳進、另一耳出。

當心理能量在工作中耗盡時，就很難再有多餘的力氣分給家人親友。

無奈，現在的助人工作者，很少可以時時保持在高品質的身心狀態下與個案接觸。不論是社工、心理師或學校輔導教師，在個案會談之外，還得應付許多上級交辦的業務；當中有許多是無意義的文書工作，更多的是有理講不清的溝通協調。

每當在會談當下難以專注傾聽時，我們會敏銳地覺察到自己的狀態不佳，設法在當下調整自己。但往往天不從人願，就像學生時代，上課時瞌睡蟲來襲，用盡方法就是難敵睡神召喚，不爭氣地闔上了眼皮。

雜亂無章的思緒強迫性地在腦中盤旋，如失控般地來了又去、去了又來。我們不允許自己對會談者不尊重，警覺地告訴自己：「不能這樣下去！」同時對於自己沒能在當下與個案同在感到愧疚，然而這些情緒又回過頭來破壞我們的專注。

幾十分鐘的天人交戰，直到送對方離開後，才劃下休止符。此時，我們已無力地癱軟在椅子上了。

案主、場域與助人者的狀態調控

在我學習「簡快身心積極療法」的過程中，授課的李中瑩老師與張曉紅老師都不斷耳提面命，進行輔導會談前，要先做好狀態調控。狀態調控包括三個部分：

（一）來訪者狀態的調控：

包括來訪者的求助意願、身心與情緒狀態、對關係的信任度、對助人歷程的理解程度、自我覺察程度、是否有局限性信念等方面的調控。來訪者的狀態調控是左右技術介入是否成功的關鍵因素。

（二）場域狀態的調控：

是否在合適、足夠的時間與空間環境下展開輔導會談。包括會談時間的設定、會談空間的布置、媒材或器具的準備、會談互動氛圍的營造等等。

（三）助人者自我狀態的調控：

助人者須自我回答幾個問題，例如「我對此來訪者有服務的意願嗎？」「我此刻的身心狀態適合進入會談嗎？」「我對處理來訪者的議題有把握嗎？」「我是否能放空自己，不把自己的議題帶進會談？」……如果前述答案都是肯定的，才展開輔導會談。

這也揭示了，**如果助人者本身的狀態沒有調整到位，諮商或治療介入的效果往往會大打折扣**。

時時回到身心合一的穩定狀態中

身為一名助人者，我常常思考，究竟如何在繁瑣的文書業務與會談工作中取得平衡。讓我能在每次會談前，調整自身到一定狀態，在會談中以最高品質的身心狀態與個案專注交流。

尤其是在面對突如其來的緊急個案時，得讓自己立刻轉換心理頻道，實在是很艱難的一門功課啊！

至少我可以做的，是做好規律的生活管理——充足睡眠、飲食均衡、定時運動。儘管壓力很大時偶爾也想自我放縱，不過爲了個案的福祉，還是需要多些自律。

要讓自己能快速轉換心理狀態，因應突如其來的壓力情境，平時就得下工夫練習。一個平時內在就有強大力量的人，是能臨危不亂、並持續給出力量的。

我曾長時間在國內外學習神經語言程式學，這是一門「對人類主觀經驗無止盡探究的學問」。其中的「COACH」狀態技巧（有人稱作「身心合一狀態」或「中正狀態」），就是一種讓身心處於最穩定、和諧且內外一致的高表現狀態。

「COACH」是由五個英文單字的字首組成，分別是Center（中心）、Open（敞開）、Aware（覺知）、Connection（連結）與Holding（保持）。以下是根據我在NLP領域所學及個人的操作經驗，介紹進入「COACH」狀態的具體步驟：

（一）找一個安靜不受打擾的地方，雙腳微張與肩同寬，穩定地站立著。接著輕輕閉上眼睛，同時做幾個深呼吸放鬆自己。

（二）想像有一道能量以光或氣的形式，由地底向上竄出，穿過自己的腳掌，慢慢往上滲入體內，通過腳踝、小腿、膝蓋、大腿、臀部，來到我們的能量的中心丹田部位。

（三）讓這股能量停留在丹田，將注意力放在丹田上（雙手可以輕輕撫著丹田部位），並在心中對自己說：「我在這裡！」（說三次）。

（四）將能量繼續往上帶，到達胸口部位，讓能量暫時停留在此處。將注意力放在胸膛，雙手做出敞開胸膛的動作，代表允許及接納一切的事情來到我的生命中，並在心中對自己說：「我是敞開的！」（說三次）。

（五）將能量繼續往上帶，到達眼睛後方大腦深處，這裡是意識覺醒的部位。想像大腦中心有一個圓點，像蠟燭或燈泡般地亮了起來，光芒充滿腦部，並在心中對自己說：「我是覺醒的！」（說三次）。

（六）將能量往前帶到眼睛部位，睜開雙眼，看看四周，讓視線與外在世界進行連結，並在心中對自己說：「我準備好了！」（說三次）。

（七）將注意力放在全身，重新感受並保持此刻的狀態，並在心中對自己說：「我是身心合一的！」（說三次）。

透過經常的練習，可以越來越熟悉進入「COACH」狀態的步驟，也會越來越快進入「COACH」狀態。若能在面臨重要挑戰或任務前，先讓自己進入「COACH」狀態，就能在穩定的身心狀態之下，擁有高水準的表現。

調整好自己的身心狀況，你才有可能用心傾聽。

32 助人工作不只是良心事業，更是專業

有次去一所大學開會，來接送的一位大學教授沿路向我發表他的教育高見。他認爲孩子的學歷不用讀太高，現在碩、博士畢業後失業人口滿街跑，高中畢業就可以出來工作了，以後想學習、進修，機會多的是。

我正覺得頗有道理時，他接著說：「現在找工作，最好就是到學校裡當體育老師。」我狐疑地問爲什麼。

「很輕鬆啊！上課時，只要帶著一支哨子，把球發下去讓學生自己活動，下課前再吹哨子集合，把球收回來，然後解散。不是很容易嗎？」

「可是，現在體育老師也很忙碌。」我試著說出我觀察到的現象。

「哪有，下課後就能在辦公室泡茶聊天，多好！」

這位大學教授可能不了解，現在多少學校裡的體育老師要帶球隊，陪孩子練

習到很晚，犧牲假日也司空見慣；事實上，大部分體育老師上課內容活潑豐富、別出心裁，哪裡能用一顆球、一支哨子就打發學生了。

眼見他的刻板印象如此之深，我也不想多說。還好他沒說全世界最輕鬆的工作就是輔導教師、出一張嘴就行了，否則我肯定會叫他立刻停車，我自己下車用走的。

社會大眾仍對助人專業領域存有偏見或刻板印象

前陣子，一位護理師在臉書上發文，訴說自己被病患的家屬認為工作「很輕鬆」，她的神回覆還上了新聞。這使我不禁感嘆，即使臺灣進入已開發國家多年，以照顧他人身心健康為職志的助人工作者，仍常被社會大眾誤解或汙名化。

廣義的助人工作者，泛指一切以維護、照顧或提升他人身心健康或生活福祉為目的的從業人員，一般較爲人知的心理助人服務者，包括諮商心理師、臨床心理師、社會工作師、學校輔導教師等等；以及醫療照護服務者，例如醫師、護理師等等。

當然還有很多人士，從不同面向照顧社會大衆的身心靈健全發展。**臺灣助人服務領域的專業品質，不論在醫療照護或心理助人都領先全世界許多國家。然而，社會大衆卻對這些專業領域，普遍存在著偏見與刻板印象。**

助人工作的複雜度超乎想像

在學校擔任輔導教師多年，難免聽到有學生說我的工作很輕鬆，整天閒閒沒事幹。一開始會生氣，但聽久了也習慣了，有時候也懂得自嘲：

「對啦！老師小時候就是很認眞念書，今天才有機會來學校當輔導老師，做這份全世界最輕鬆的工作。羨慕吧！好了，趕快回去用功吧！」

可是，有些人知道事實不是如此。**輔導教師在學校裡的一天，總像在打仗，而且**

不時面臨各種挑戰，你得隨時讓自己處在備戰狀態。而在迎戰各種突發狀況時，常常沒有SOP可循，靠的是當下的判斷及過去經驗累積。同時，還得讓自己時時保持優雅，微笑、溫暖、關懷、接納、同理……缺一不可！

相同的情形也發生在其他助人服務領域中，例如「社會工作」。社工人員的工作內容相當複雜，面對不同族群、類型的服務對象，都需具備高度的專業知能。

然而，大眾卻常把「社工」與「志工」畫上等號。我的一位學生就抱怨他父母曾說：「去念社工系做什麼？那不是志工嗎？將來拿什麼塡飽肚子？」

被過度使用的助人工作者

這顯示出兩個問題。**首先，我們時常在尚未對某個領域的工作內容深入理解前，就下了評斷，而這些評斷往往不公允，同時帶著嚴重的刻板印象與偏見。**例如體育老師帶著一支哨子、一顆球就可以上課了；輔導教師在學校總是吃飽沒事幹；社工就是志工……

再來，諸如「社工就是志工」的思維，背後潛藏著濃厚的「助人工作是一種志願服務工作」的扭曲印象。因爲是志願服務，所以，助人工作是良心事業，而且不該計較薪酬與回報。

於是，助人工作不容易被視爲一門專業來看待，彷彿是路人甲乙丙丁有心就能從事的行業，這眞是天大的誤解！

助人工作是良心事業？當然是！**然而，社會上哪一份正當的工作不是良心事業呢**？士農工商各行各業本該憑著良心從事其職。如果說助人工作才是良心事業，那麼其他工作就可以昧著良心嗎？

正因助人工作常被誤解，以致助人工作者的勞力常被過度使用、被不當要求，甚至多做了超出職責的內容，仍被期待不該計較，要照單全收。許多助人工作者也因而這樣自我期許，或選擇沉默認命。

社工與護理人員長期人力嚴重不足，流動率高，工作量大到不可思議，但薪酬、待遇卻沒有相對保障。每次社會上有重大新聞事件發生時，才來呼籲重視這些人力的工作品質，一旦事過境遷、口號喊完，一切彷彿過眼雲煙。

人們認為助人工作者應用愛心來服務大眾，殊不知道他們是用自身的血汗來為人們止血止汗，甚至犧牲與自己家人相處的時間，換來其他家庭的和樂相聚。這就是助人服務者很容易專業枯竭的原因。

助人工作光憑良心與熱忱是不夠的

再者，助人工作者只有良心是不夠的。我相信大部分助人工作的從業人員，都是本著一份想提升他人生活品質、幫助他人脫離痛苦的熱忱。然而，不論是生理、心理或社會領域的助人工作，都需經過足夠的專業培訓，並在前輩的指導監督下，累積一定的經驗後，始能獨當一面。**正因為愛之足以弒之，因無知而助人，很可能對服務對象造成傷害**。

所有的助人專業領域都有專業倫理信條。首要、也是最重要的，就是「不要造成傷害」（first do no harm）。**這顯示了助人過程本身是有危險性的，光有熱忱而不講究方法，可能會讓求助者未蒙其利、先受其害，而助人者卻渾然不覺。**

不造成傷害是最基本的，更積極的是要達到助人的效果——也許是減輕痛苦、也許是解決問題、也許是增進生活技巧、也許是獲得力量。無論如何，都須仰賴助人者的專業判斷，並將其知識、技能與經驗充分展現。

理解與尊重不同領域的工作者

這個社會最不缺的就是偏見、歧視、刻板印象及汙名化，所以我們需要更多的相互理解、尊重與支持。

當你認為自己從事的工作最專業、辛苦、對人類貢獻最多時，別忘了其他人在其工作崗位上從事的職業，也是相當不簡單。當你接受他人服務時，也請謙卑地敬重這些正在服務你的人。

聞道有先後，術業有專攻。
因為社會上擁有不同專業領域的人，才讓我們的生活變得更好。

結語 在另一個場域中繼續守護孩子的成長

二〇一七年八月起，我離開服務了近十年的學校，成為一位專職的諮商心理師，也是一位自由工作者（江湖上俗稱「行動心理師」）。

辭去穩定的公立學校教職，不是個容易的決定。周遭的朋友，特別同是從事教職的人，都感到不解，甚至質疑我的決定是否過於魯莽。然而，這都無法澆熄我心中醞釀已久、想離開校園轉換助人工作場域的念頭。我為什麼會有這樣的決定呢？

將近十年的教職生涯，我處在一個相當特殊的位置上。我是一位教師，同時也是心理助人工作者，在學校的正式職稱為「輔導教師」，專門為那些生活遭遇瓶頸、內心焦躁不安的幼小靈魂提供服務。

長期以來，我樂於在校園中與孩子們相處，我也從孩子身上學習到許多；孩子們給予我的，永遠比我能帶給他們的多上許多。

然而，**越深入了解孩子們的成長故事，會發現困頓與痛苦的形成並非偶然，其背後深受孩子成長過程中家庭互動經驗的影響。更加細究，則會發現孩子的問題，其實正是家庭問題的縮影，甚至是家長本身或雙親間互動的問題。**

做出這樣的結論看似過於武斷，但從大部分的案例中，都能看出這樣的脈絡與影響軌跡；而國內外諸多研究中，也證實了這樣的觀察。

於是這幾年，我將許多心思投入與家長的工作中：我到各級學校進行親職教育的分享與訓練，在部落格中分享親職教養專題文章，也在個案工作中增加與家長溝通互動的時間。

然而，與家長的工作常是挫折的。困難來自於，大人比孩子更難以自我覺察與改變。大人現在的模樣，是從小到大成長經驗的形塑，有來自原生家庭的影響，也帶著成長過程中的種種包袱，並且逐漸形成了慣性的因應模式——通常是無效的，並且會帶來更多困擾的。長大後，有了孩子，再將內心的傷痛與匱乏，透過各種有問題的教養方式傳遞給下一代。

不過，與家長的工作即使困難，在持續努力之後，也逐漸累積了一些成果。印象深刻的是，在一次的親職教育講座分享後，一位母親上前對我說：「陳老師，你一定會上天堂的！」我當下不懂她的意思，愣了一下。她接著說：「謝謝陳老師，我今天收穫非常大，你正在做的事情一定會幫助到很多人的。」

於是，我明白了。那位母親是在課程中，被我邀請上臺進行家庭系統演示的學員；這場演示似乎觸動到她的內心，只見她淚水不時滑落臉龐，同時也似乎明白了些什麼，決定有所改變。

一場無心插柳，卻為現場家長帶來了改變的力量，我深刻體會到自己正在做一份深具意義的事。也有好幾次，聽到家長的回饋是，在與我談話後或上了我的課之後，開始改變自己與孩子互動的方式，而孩子竟也開始轉變了，令許多家長感到又驚又喜。家長們說：「陳老師，你說得沒錯，大人若改變，孩子就會改變！」

也許我的力量有限，能影響的家長還是少數，但看到一個又一個的成功案例出現，我更肯定自己走在正確的道路上。這樣的成果，也更加深了我投入家長親職教育工作的信念。

在我離開教職前，一些老師特別來找我聊天。他們說：「其實，我好羨慕你。」我很疑惑，爲什麼要羨慕我？有人說：「如果能像你有另一個領域的專長，我也早就離開教職了。」也有人說：「年輕就是本錢，像我們到這把年紀，想離開也走不了。」

不只一位老師跟我分享心聲，他們的眼神中流露著羨慕與無奈，這是相當眞實的。此刻，**我才驚覺，有太多的教師在校園裡從事教職是不快樂的**。

有多少老師，每回才剛開學就訂了下個寒暑假出國的機票，開始期待假期的來臨；每到了新學年，就倒數自己還有多少年可以退休。作育英才的教職工作，曾幾何時變成了這種景況？如果教師們不快樂，對工作失去熱忱，又該如何帶給孩子們成長的力量呢？

如果，工作穩定與退休金是支撐教師們在工作崗位上繼續燃燒熱情的唯一誘因，而不是這份工作帶來的意義感，那麼，每天到學校上班，便成了食之無味、棄之可惜的例行公事，教育自然只能是一灘死水。

於是我知道，在我轉換跑道之後，我也要繼續支持教師們找到教育工作的意義，同時保持與孩子互動的熱忱。因爲，**教師們也曾是受傷的孩子，而今也可能是壞掉的大人；他們在成長過程中累積了大大小小的創傷，未被好好正視與療癒，並隱隱在自己的教育工作中產生負面影響**。

我認爲，**不論是家庭或學校教育，最重要的目的，就是帶給孩子們力量**。然而，我們給不出自己身上沒有的東西。因此，當我們的內在匱乏無力，也會教養出一群內在匱乏無力、不願冒險、不敢作夢的孩子。

因此，我更堅定地相信，我需要轉換位置去做更多支持家長與教師的工作。我仍然在進行助人工作，也仍然關注孩子的成長議題與心理困境，只是換個場域陪伴孩子成長而已。這股信念與願望，成爲我接下來要追尋的人生目標。

離開穩定的教職，內心是惶恐的。這意味著我要從一個經濟來源穩定的舒適圈，跳到另一個一切從零開始的冒險國度，我心中充滿掙扎；然而我知道，**築夢的歷程本就是艱辛的，本就得忍受各種不安與焦慮**。

回想我在課堂上，或與學生會談時，總是鼓勵孩子們大膽追夢；然而，如果我有夢想，卻仍待在舒適圈中不敢行動，不就是一種表裡不一嗎？**或許，一位教師能對孩**

子發揮最大的影響力，就是充分去實踐他所相信的道理。

在我離開教職前的最後一堂生涯規畫課中，我與孩子們分享我的夢想與決定。這堂課，我以親身的例子，爲孩子們示範了我在課堂中不斷提點他們的道理。

我是一個幸福的人，從小到大父母的關愛無微不至；求學路上也順遂如意，甚至到了職場，人生貴人也不斷出現。也許是祖先有積德、前世有燒香、平日有行善，才能有此福報。

我總在想，越是幸福的人，越應該貢獻社會人群。寫作，算是一種發揮社會影響力的途徑吧！我從四年前開始持續筆耕，發表在部落格「老師，可以和你聊一下嗎？」中的文章，寫的多半是關於心理助人、課業學習、人類行爲、親職教養、生涯規畫等面向的議題。二〇一六年承蒙圓神集團究竟出版社的青睞，爲我出版了第一本書《此人進廠維修中！爲心靈放個小假，安頓複雜的情緒》，是一本關於情緒管理的自助書，還算受到歡迎。

而今在生涯轉換階段，也謝謝圓神願意繼續與我合作，將這本集結了許多我在校園中與孩子們互動的案例彙整出版發行。**期待這本書可以帶給受傷的孩子們力量，讓壞掉的大人們有所自覺，同時支持正在陪伴孩子走一段人生路的教育或助人工作者，繼續堅持信念，並懂得照顧好自己。**

一路走來，我要感謝的人太多了。包括出版社辛苦的編輯、行銷與相關工作團隊之外，以及我的同行；你們與我交換意見，督促我持續學習與進修；還要感謝家人的支持，特別是父母與我的另一半，你們的愛與信任，是我繼續前行的動力。

我最想感謝的，是那些曾與我交會過的孩子們。沒有你們，這一篇篇的故事與反思無法成形；沒有你們，我無法從你們身上學習、累積經驗；沒有你們，我無法認清我現在應該努力與投入的方向。

謝謝你們曾出現在我的助人生涯中，老話一句：「從你們身上學習到的，永遠比我能帶給你們的多上更多！」

獻上無限感激與祝福。

Eurasian Publishing Group
圓神出版事業機構
用心與你對話．視野無限寬廣
圓神出版社
Eurasian Press

www.booklife.com.tw reader@mail.eurasian.com.tw

圓神文叢 224

受傷的孩子和壞掉的大人

作　　者／陳志恆
發 行 人／簡志忠
出 版 者／圓神出版社有限公司
地　　址／台北市南京東路四段50號6樓之1
電　　話／（02）2579-6600・2579-8800・2570-3939
傳　　真／（02）2579-0338・2577-3220・2570-3636
總 編 輯／陳秋月
主　　編／吳靜怡
專案企畫／沈蕙婷
責任編輯／周奕君
校　　對／周奕君・賴逸娟
美術編輯／林韋伶
行銷企畫／陳姵蒨・曾宜婷
印務統籌／劉鳳剛・高榮祥
監　　印／高榮祥
排　　版／杜易蓉
經 銷 商／叩應股份有限公司
郵撥帳號／18707239
法律顧問／圓神出版事業機構法律顧問　蕭雄淋律師
印　　刷／祥峯印刷廠
2017年12月　初版
2024年2月　38刷

定價290元　ISBN 978-986-133-640-4

我眞正想做的是從孩子們的故事中，呈現出大人世界的荒腔走板——許多大人壞掉了，卻用令人窒息的愛強加在孩子身上。同時，我也盡力去描繪，這些受傷的孩子們，內心其實有著強韌、勇敢與令人感到不可思議的生命力。他們是如此堅強地撐著，拚命對抗來自大人世界的種種壓力與苦痛，並努力讓自己不成爲下一個壞掉的大人。

——《受傷的孩子和壞掉的大人》

國家圖書館出版品預行編目資料

受傷的孩子和壞掉的大人／陳志恆 著；
-- 初版 -- 臺北市：圓神，2017.12
320面；14.8×20.8公分 --（圓神文叢；224）
ISBN 978-986-133-640-4（平裝）

1. 心理諮商

178.4　　　106018625

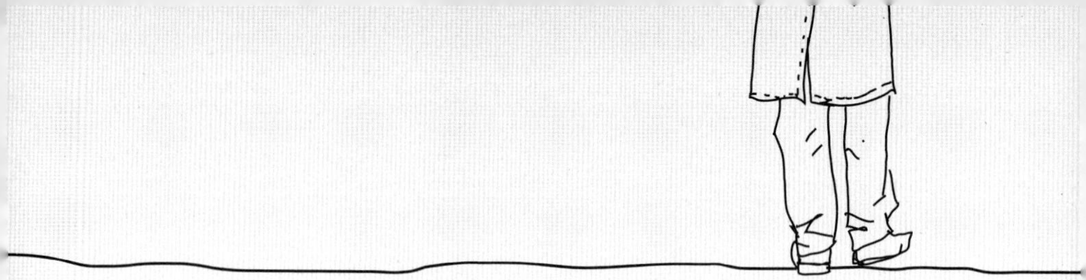